Zwei Länder – Vier Flip-Flops

Don Parakay

Zwei Länder
Vier Flops

Zwei Badelatscheros unterwegs in Panama und Costa Rica

Bibliografische Information der Deutschen Nationalbibliothek:
Die Deutsche Nationalbibliothek verzeichnet diese Publikation in der Deutschen Nationalbibliografie; detaillierte bibliografische Daten sind im Internet über http://dnb.dnb.de abrufbar.

© 2015 **Don Parakay**

Illustration: Doña Parakay

Website: *www.parakay.blogspot.com*
Facebook: *https://www.facebook.com/donparakay*

Herstellung und Verlag:
BoD-Books on Demand, Norderstedt
ISBN: 978-3-7347-4211-8

Vorwort..7
Rucksack auf und los...9
Tag 1- Hola Panama...13
Tag 2 – Vom Pazifik zum Atlantik und noch weiter................26
Tag 3 – Mitten im Dschungel..38
Tag 4 – Unterwegs auf dem Panamakanal...............................47
Tag 5 – Die San Blas Inseln und ihre gierigen Bewohner........54
Tag 6 – Entlang der Pazifikküste..63
Tag 7 – Die Gauner von der Autovermietung...........................70
Tag 8 – Reif für die Insel...81
Tag 9 – Heiliger Abend in Panama..88
Tag 10 – Fröhliche Weihnachten...93
Tag 11 – Hola Costa Rica...94
Tag 12 – Dschungel und mehr...101
Tag 13 – Mit dem Fahrrad durch den Bananawald.................107
Tag 14 – Ein costaricanischer Sonntag...................................111
Tag 15 – Auf geht´s, nach San José..114
Tag 16 – Das Jahr neigt sich dem Ende..................................119
Tag 17 – Das neue Jahr..124
Tag 18 – Und Tschüß...127
Nachwort...129

Vorwort

Ohne meinen Manager, Antreiber, Illustrator, Ideengeber und Reiseplaner wäre dieses Buch wahrscheinlich nicht entstanden. Deswegen geht ein dickes Dankeschön an meine liebe Frau. Aber diese, meine liebe Frau, stellte mich auch vor ein kleines Problem. Seitdem wir uns kennen, trägt sie den Spitznamen „Helmut". Während dieser Name für mich und unsere Freunde längst ein Frauenname ist, dachte ich mir, dass die meisten Leser dieses Buches, die Worte -Helmut- und -Frau- nicht in einen syntaktischen Zusammenhang bringen können und das Buch ungelesen beiseitelegen. (Keine Angst, ich musste auch nachschlagen was „syntaktisch" bedeutet.) Deshalb habe ich, in diesem Buch, den Namen meiner Frau etwas umgewandelt und herausgekommen ist Heli. Das Einverständnis von „Helmut" liegt vor und so wünsche ich nun viel Spaß bei unserer Reise durch Panama und Costa Rica.

Euer Don Parakay

Rucksack auf und los

Ein altes Sprichwort sagt: "Auch die längste Reise, beginnt mit einem ersten Schritt." Bei uns ist das völlig anders, denn bei meiner Frau und mir beginnt sie, mit einer total harmlos wirkenden Frage, so wie: „Schatzi, wollen wir über die Feiertage nach Panama fliegen?" Und mit einer schnell von mir dahin gesagten Antwort: „Ich bin dabei. Sag Bescheid, wenn´s losgeht!"

Eine halbe Stunde später ist dann auch schon der Flug gebucht und ich muss mir Gedanken über die Konsequenzen meiner leichtfertigen Antwort machen. So stellte sich mir nun die Frage. „Wo, um alles auf der Welt, ist eigentlich Panama?" Nach angestrengtem Grübeln kam dann ein Hauch von Erleuchtung. Ach ja, der Panamakanal ... und der Panamahut und ...? Ja, und dann war ich auch schon wieder am Ende meines Wissens.

Offen gestanden sind meine geografischen Kenntnisse nicht die Allerbesten, obwohl ich schon viel gereist und herumgekommen bin. Na ja, Deutschland würde ich auf dem Globus noch schnell finden und sicher auch Paraguay, unsere heutige Wahlheimat könnte ich richtig einzeichnen,aber dann wird es schon eng mit der Orientierung auf der Weltkarte. Ok, ich weiß auch, dass oben auf der Karte Norden ist und unten Süden. Paraguay liegt im Herzen Südamerikas, was dann so was wie die geografische Mitte sein müsste. Außerdem kann ich die angrenzenden Länder um Paraguay herum bestimmen und einordnen. Doch das alles hilft mir jetzt nicht viel, denn Panama grenzt, da bin ich mir ziemlich sicher, nicht an Paraguay. Also ist an dieser Stelle für mich "Ende im Gelände", wie es so schön heißt.

Weil ich nun in Sachen globaler Orientierung wirklich eine absolute Null bin und das auch weiß, schaffte ich mir vor vielen Jahren meinen eigenen, persönlichen Reiseplaner an. Und was soll ich sagen, von diesem Moment an war ich verheiratet und meine Frau Heli sorgte immer wieder dafür, dass ich in Gegenden der Welt reisen durfte, von deren Existenz ich zuvor nie etwas gehört hatte. Denn seit dem wir uns kennen, übernimmt sie die Reiseplanung von A wie Abflug bis Z wie Ziel.

Doch zurück zu Panama. Zum Glück gibt es ja heute das Internet, und nach ein paar Klicks erfahre ich, was ich über Panama wissen muss. Ich kann mich vorbereiten auf ein Land in Mittelamerika, welches flächenmäßig so groß ist wie Bayern, im Norden an Costa Rica grenzt und im Süden an Kolumbien. Im Westen kann man im Pazifik baden und im Osten die sanften Wellen der Karibik genießen. Die Landessprache ist spanisch, was mir gut in den Kram passt, denn unsere Spanischkentnisse sind bedeutend besser, als meine geografischen und sollten ausreichen, um ohne Verständigungsprobleme durchs Land zu reisen. Ich erfahre auch, dass eine ganz existenzielle Voraussetzung für einen Urlaub in Panama erfüllt wird, denn in Panama wird gerne Bier getrunken. Dabei möchte ich erwähnen, dass wenn Heli jemals von mir verlangen würde, in ein Land zu reisen, in dem das nicht so ist, ich den Austausch meines Reiseplaners in Erwägung ziehen würde.

Es sind noch 10 Tage bis zum Abflug und während ich mir den Kopf über eine dieser zentralen Fragen zerbreche, wie man die Einwohner von Panama eigentlich nennt, Panamaten, Panamanasen oder vielleicht einfach nur Panamaer, sitzt meine Frau vorm Computer und plant die Reiseroute.

Die Eckdaten stehen. Am 15.Dezember abends werden wir von Asuncion, der Hauptstadt Paraguays, starten und um 6.00Uhr morgens in Panama City landen. Zurück geht es am 2.Januar, aber diesmal nicht von Panama´s Hauptstadt, sondern von San José, der Hauptstadt Costa Rica´s. Wenn man schon mal in der Ecke ist, kann man sich ja auch gleich noch das Nachbarland anschauen. Na klar, muß man nicht noch mal los. Uns bleiben also 18 Tage, um von Panama City nach San José zu reisen und diese Tour baut Heli nun in groben Zügen zusammen.

Die Vorfreude auf den Urlaub wächst mit jedem Tag und ich bin gespannt, ob dann auch alles so ist, wie es auf den vielen Bildern im Internet gezeigt wird, welche ich mir zusammen mit Heli geduldig jeden Tag ansehen darf. Ich freue mich auf die versprochenen Meeresfrüchte, auf das Schnorcheln in türkisblauem Wasser, lange, einsame Sandstrände und subtropisches Klima.

Doch dann, zwei Tage vor Abflug wird sie furchtbar nervös. „Ich finde unseren Flug nicht im System. Es scheint so, als gibt es diesen gar nicht und wie es im Moment aussieht, bleiben wir wohl zu Hause." Sie durchkämmt ihre E-Mails, sucht Schriftstücke und blättert in den Bankbelegen.

Da sind wir seit Tagen voller Vorfreude auf unseren Urlaub und dann soll er so schnell vorbei sein? Hat man uns etwa reingelegt? Ich überlege mir gerade, wie ich dieses Buch zu Ende bringe und dass es wahrscheinlich der kürzeste Reisebericht sein wird, der je geschrieben wurde. Doch dann kommt sie strahlend aus ihrem Büro. Sie hat die Reiseunterlagen mit der richtigen Buchungsnummer gefunden. Jetzt taucht auch unser Flug im System auf und es kann

Entwarnung gegeben werden. Alles läuft also weiter nach Plan.

So weit, so gut und einen Tag vorm Abflug dann die Frage; „Was nehmen wir eigentlich mit auf die Reise nach Panama?" Da wir viel zu Fuß unterwegs sein wollen, werden wir uns auf das Wesentliche, wie Badehose und ein paar Sachen zum Wechseln beschränken, um unnötiges Gepäck zu vermeiden. Natürlich gehört der Fotoapparat in den Rucksack und auch eine Landkarte von Panama. Und so ist unser Gepäck schnell verstaut und zwei Rucksäcke stehen für die große Reise bereit.

Also, auf geht's nach Panama!

Tag 1- Hola Panama

Pünktlich um 6.00Uhr morgens, landen wir auf dem internationalen Flughafen „Tocumen" von Panama Stadt. Sechs Stunden Flugzeit liegen hinter uns, doch wir sind ausgeruht und fit für den kommenden Tag. Wie immer nach der Landung, bricht Hektik unter den Passagieren aus. Die Telefone müssen eingeschaltet werden und es werden wichtige Telefonate geführt. „Hallo Schatz, ich bin jetzt gelandet. Melde mich wieder, wenn ich am Kofferband stehe."

Das Handgepäck muss schnellstens aus den Gepäckfächern geholt werden, solange noch einige Passagiere darunter sitzen und einen eventuellen Fall abfedern können. Und man stellt sich schon mal in den Gang, um das Aussteigen nicht zu verpassen.

Wir sind die, die noch sitzen und darüber nachdenken beim nächsten Mal einen Helm zu tragen. Heli und ich warten mit dem Aussteigen geduldig bis die Flugzeugtür geöffnet ist und sich der größte Schwung an Passagieren durch die verstopften Reihen gedrückt hat. Als wir den Flieger verlassen und durch den Finger gehen, laufen wir gegen eine Wand aus schwül-warmer Luft und bekommen schon einmal eine kurze Kostprobe vom tropischen Klima, bevor es in das klimatisierte Flughafengebäude geht. Wir warten einen kurzen Moment vor der Passkontrolle bis wir an der Reihe sind und die Einreisestempel in den Pass gedrückt werden. Ein kleines Einreiseformular, welches schon im Flugzeug ausgeteilt wurde, wird in die Akten gelegt und unsere Fingerabdrücke werden genommen. Zu guter Letzt müssen wir noch kurz in eine Kamera grinsen und dann heißt es: „Bien Venido en Panama."

Das Kofferband ist schnell gefunden, denn es ist an diesem Morgen nicht viel los in den Ankunftshallen und der Flughafen erscheint sehr übersichtlich. Unsere Rucksäcke, die sich auf einen Inhalt von 10kg beschränken, sind auch gleich mit unter den ersten Gepäckstücken. Dann geht's vorbei an den panamilitärischen Zollbeamten, die in scheinbar wichtige Gespräche verwickelt sind, die es nicht erlauben nach eventuellen Schmugglern Ausschau zu halten und auch uns keinerlei Beachtung schenken.

Mit dem Rucksack auf dem Rücken und so als Touris weithin erkennbar, verlassen wir das Flughafengebäude und werden auch gleich von mehreren Taxifahrern umworben, welche uns ihre Dienste anbieten. Casco Viejo, so heißt die Altstadt von Panama Stadt, ist unser erstes Ziel. Dort haben wir schon im Voraus, für die erste Nacht, ein Zimmer gebucht. Das Taxi würde 40 Dollar kosten, doch wir wollen uns nicht gleich die ersten Minuten übers Ohr hauen lassen und vertrösten die Taxifahrer auf das nächste Mal. Wir halten Ausschau nach einer Bushaltestelle, aber es ist keine in Sicht. Also ordnen wir uns in den Hauptstrom der Passanten ein und folgen unauffällig der Menschenmenge. Vielleicht wollen die auch alle zur Bushaltestelle? Wir haben ein paar Meter zurückgelegt, als uns der Gedanke kommt, dass wir für den Bus bestimmt etwas Kleingeld brauchen. Doch wir sind nur im Besitz von Dollars in Form von Papiergeld. Die panamaische Währung ist eigentlich der Balboa, den es aber als reales Zahlungsmittel gar nicht gibt. Er ist 1:1 an den US Dollar gekoppelt und mit diesem wird in Panama auch bezahlt. 1 Balboa sind 100 Centésimos. Diese gibt es im Gegensatz zum Balboa auch wirklich als Münzen, und klimpern neben normalen US-Centmünzen im Geldbeutel.

Ich schnalle meinen Rucksack ab und renne gegen den Strom nochmal zurück zu einem Imbiss, um dort etwas Geld klein zu machen. In unserer Reisekasse befinden sich 200,-US Dollar, für die erste Zeit in Panama. Ich bestelle einen Kaffee zum mitnehmen, mit Milch. Das macht 1,50 Dollar. Als ich dem schwitzenden Imbissbudenverkäufer den 50 Dollarschein hinhalte, rümpft er die Nase und bestraft mich mit 5 Minuten Wartezeit, bevor ich endlich mein Wechselgeld bekomme. Mit halb kaltem Kaffee, aber einer Menge Kleingeld, laufe ich wieder zu Heli, die artig mit den Rucksäcken dort wartet, wo ich sie abgestellt hatte. Gemeinsam schlürfen wir den Kaffee und schauen in einen wunderschönen, aufgehenden roten Feuerball. Die Temperaturen sind angenehm und dürften sich um die 25°C bewegen. Die Luft ist feucht, wie in einem Gewächshaus und die Sonne steigt schnell nach oben. Der Kaffeebecher ist leer und wir mischen uns wieder unter die Menschen, die inzwischen weniger geworden sind, aber immer noch alle in die selbe Richtung laufen. Ich habe das Gefühl, dass der panamatische Kaffee Superkräfte verleiht, denn mit jedem Schritt scheint mein Rucksack leichter zu werden. Doch dann muss ich irgendwann peinlich berührt feststellen, dass der Rucksack tatsächlich leichter wird, denn der Reißverschluss des selbigen macht wohl auch Urlaub und meine Sachen verteilen sich hinter mir auf 50 Meter Fußweg. Unterhosen, T-Shirts, Socken, die ganze Welt kann sehen, was Kay mit in den Urlaub schleppt. Schnell stopfe ich alles wieder rein und schimpfe über die Qualität meines Reisegepäcks, mit sicherlich chinesischem Ursprung.

Nun schaltet sich Heli ein. „Gib mal her". Nach knappen zwei Minuten, dem Einsatz der Nagelschere und ein bisschen Rumgefummel, ist der Reißverschluss wieder ganz und vorsichtig schnalle ich mir mein Gepäck wieder auf den Rücken. Dieses Mal hält er.

Wir entdecken am Ende des Fußweges eine große Kreuzung, auf der auch Busse zu sehen sind und die dazugehörigen Haltestellen. Die Bushaltestelle hätten wir nun schon mal gefunden, doch mit welchem Bus und in welche Richtung müssen wir nun fahren?

Eine dicke Bonbonverkäuferin, die es sich mit ihrem Bauchladen auf einer Bank in der Bushaltestelle bequem gemacht hat, bemerkt unsere Ratlosigkeit und fragt uns freundlich, wo wir denn hin wollen. Wir geben ihr Auskunft über unser Reiseziel. "Ihr müsst den blauen Bus nehmen, der von der anderen Straßenseite fährt und mit dem kommt ihr direkt in die Altstadt." Was "direkt" in Panama bedeutet, wussten wir zu diesem Zeitpunkt noch nicht. Wir positionieren uns also auf der anderen Straßenseite und warten auf den von Señora Bonbon beschriebenen Bus. Während wir da so rumstehen, halten immer wieder verschiedene Busse an und Passagiere steigen aus und ein. Uns fällt auf, dass die Leute im Bus nicht bezahlen, sondern eine Plastikkarte, ähnlich einer Kreditkarte, durch ein Lesegerät schieben. Also fragen wir nochmals bei der freundlichen Bonbonverkäuferin nach, ob wir auch so eine Karte benötigen. „Nein, euer Bus kostet euch 25 Cent pro Person, die ihr dem Fahrer beim Aussteigen bezahlt. Die Kartenbusse sind Schnellbusse und fahren nicht in die Altstadt." Wo man so eine Karte bekommt, verrät uns die Zuckerpuppe allerdings nicht. Warum auch? Wir brauchen diese ja für unsere Linie nicht. In diesem Moment biegt der von ihr beschriebene, blaue Bus um die Ecke und wir halten unseren Arm gestreckt in die Luft, um dem Fahrer zu signalisieren, dass wir mitfahren wollen. Die 50Cent für uns beide habe ich schon passend in der Hand und wir drängeln uns mit unserem Gepäck in den übervollen Bus. Einen Sitzplatz gibt es nicht, dafür aber jede Menge Körperkontakt. Wir stehen im Gang und halten uns an der Edelstahlstange, welche an der Decke mit einigen rostige Schrauben fixiert ist, fest. Die Busse die wir vorher sahen, waren moderne Busse und sahen so aus, wie Busse eben aussehen. Ganz anders ist dieses alte Gefährt. Der Bus ist bunt, wobei die dominierende Farbe Blau ist. Die Fahrerkabine mit seinen Gardienchen, Plüschverkleidungen und jeder Menge Schnick-Schnack an den Stellen, wo der Fahrer nicht unbedingt durch die Scheibe gucken muss, erinnert mich mehr an ein Wohnzimmer eines Hippies aus den 70-ern, als an den Arbeitsplatz eines Busfahrers des öffentlichen Nahverkehrs.

Der blaue Bus

Wir haben die erste Hürde genommen und sind nun in Richtung Altstadt unterwegs. Unser farbenfrohes Gefährt schiebt sich durch den morgendlichen Berufsverkehr von Panama Stadt und die Fahrgäste im Bus wechseln ständig. Wir haben einen grob skizzierten Stadtplan dabei und versuchen immer wieder irgendwie unseren Standort zu bestimmen. Draußen geht das alltägliche Großstadtleben seinen gewohnten Gang. Hupende Autos, Stoßstange an Stoßstange, trillernde Verkehrspolizisten, Motorenlärm und Abgase, Fahrrad- und Motorradfahrer, welche die Lücken zwischen den Autos füllen. Hektisch telefonierende Geschäftsleute stolpern über spielende Kinder. Wir beobachten das bunte Treiben und bemerken gar nicht, wie die Zeit vergeht. Inzwischen sind wir schon fast drei Stunden im Schritttempo durch die Hauptstadt Panamas unterwegs und erreichen dann tatsächlich das "Casco Viejo". Wir drängeln uns von unseren inzwischen mühselig erkämpften Sitzplätzen. Heli schiebt vorher den Kopf ihres Sitznachbarn behutsam von ihrer Schulter, um ihn nicht unsanft aus seinen Träumen zu reißen. Ein Griff nach unserem Gepäck, der Busfahrer bekommt seine 50 Cent und wir steigen aus dem Bus. So viel Spaß, für wenig Geld!

Die Sonne steht schon fast senkrecht am Himmel, wobei sie immer mal wieder von einer schwarzen Regenwolke verdeckt wird. Die Temperaturen liegen bei angenehmen 28°C. Wir fragen uns zu unserem Hostel durch und erreichen dieses nach einer viertel Stunde Fußmarsch ohne größere Probleme. Doch in unser Zimmer können wir leider erst ab 13.00Uhr einchecken, aber unsere Rucksäcke dürfen wir freundlicher Weise schon mal an der Rezeption des Hauses lassen. Ohne das Gepäck läuft es sich auch gleich viel besser und wir entschließen uns für einen ersten Erkundungsgang durch die Altstadt.

Casco Viejo

Also schlendern wir durch die engen Gassen mit prachtvollen Kolonialbauten. Alles ist sehr sauber. Die Straßen sind gepflastert und alte bröckelnde Häuserfassaden wechseln sich mit hübschen, neu restaurierten Häuschen ab. Es mausert sich, das Casco Viejo, schließlich wurde es ja auch zum UNESCO Weltkulturerbe ernannt. Aus einer offenen Tür klingt karibische Musik, genauer gesagt aus einer Bartür, was die Sache noch interessanter macht. Die Luft ist zwar feucht, doch mein Hals hindert das nicht am Austrocknen und er röchelt nach Flüssigkeit. Seit dem Kaffee am Flughafen haben wir nichts mehr getrunken und da Durst ja bekanntlich schlimmer ist als Heimweh, fragen wir vorsichtig nach, ob denn die Bar schon geöffnet sei. Der Barmann, der gerade die letzten Spuren vom Vorabend beseitigt, winkt uns freundlich mit seinem Lappen herein. Mein erstes panamalzisches Bier steht in wenigen Augenblicken vor mir auf dem Tresen und für Heli mixt der Barkeeper einen Cuba Libre. Das war aber auch höchste Eisenbahn, ja und weil die Bierflaschen so klein sind und mein Durst so groß, steht gleich noch ein zweites lecker Bierchen vor mir auf der Theke, der gemütlichen Havanna Bar. Wir plaudern ein wenig mit dem Barkeeper, der dabei weiter fleißig den Putzlappen schwingt. Er erzählt uns, dass wir auf alle Fälle Abends nochmal vorbei schauen sollen. „Da ist immer etwas los." Das versprechen wir ihm natürlich und zahlen unsere Rechnung. „Zwei Bier, ein Cuba Libre, macht 8 Dollar". Bevor wir gehen, lassen wir uns aber noch den Weg zu unserem nächsten Ziel zum Fischmarkt erklären. Heli hat bei ihren Recherchen gelesen, dass der Fischmarkt am Rande des Casco Viejo liegt und da sich bei uns nun auch langsam der Hunger bemerkbar macht, beschließen wir dort nach etwas Essbarem Ausschau zu halten. 10 Minuten später sind wir dort und sehen an diesem Tag das erste Mal den Pazifik.

Wir schlendern gemütlich durch die fast leere Markthalle, da heute Montag ist und die meisten Stände geschlossen sind. Ein paar Händler ignorieren jedoch den freien Montag und bieten frischen Fisch zum Kauf an. Nachdem wir alles beäugt haben, suchen wir uns einen Platz an einer der kleinen Imbissbuden am Rande des Fischmarktes. Es gibt, wie soll es anders sein, gebratenen Fisch und Serviche. Serviche ist ein für Panama typischer Meeresfrüchtesalat, in den verschiedensten Geschmacksrichtungen. Wir bestellen uns also den Fisch und dazu einmal Serviche mit Tintenfisch und einmal mit Garnelen. So lässt es sich aushalten. Wir sitzen hier in Panama, schauen auf den

Pazifik und genießen fangfrische Köstlichkeiten aus dem Meer. Dazu natürlich ein eiskaltes lecker Bierchen.

Die Zeit ist um und wir können in unser Hostel einchecken. Im Internet wurde das Hostel als einfach , aber sehr sauber beschrieben. Wir sind gespannt auf unser erstes Quartier in Panama und nach kurzer Anmeldung bekommen wir auch schon den Schlüssel für unser Zimmer. Den Flur entlang, eine Treppe hoch und dann links. Die Hostelbeschreibung hat nicht gelogen. Das Zimmer ist sauber. Frische, weiße Bettwäsche ist aufgezogen und auch ein Fernseher und eine Klimaanlage sind vorhanden. Auf unnötigen Schnick-Schnack, wie Bilder an der Wand, vielleicht eine Gardine oder ein paar Blümchen wurde zu Gunsten der Einfachheit komplett verzichtet. Das Fenster zeigt zum Innenhof und beim Blick hinaus schaue ich auf die gegenüberliegende graue Hauswand, an der das Kondenswasser der brummenden Klimaanlagen herunterläuft. Egal, wir sind satt, ein wenig müde und haben Urlaub. Es ist jetzt 13.00Uhr und ein Mittagsschläfchen ist nun genau das Richtige.

Ich schaue auf die Uhr meiner Frau, welche auf dem Nachttisch liegt und schrecke auf. „Fast 17.00Uhr, raus aus den Betten, wir müssen los. Wir verschlafen noch unseren Urlaub." Beim Mittagessen hatten wir beschlossen, uns heute noch die drei Inseln vor Panama Stadt anzuschauen, welche durch die Calzada de Amador, zu erreichen sind. Diese Straße wurde mit dem Aushub des Panamakanals gebaut und verbindet alle drei Inseln und die Stadt miteinander.

Jetzt eine schnelle Dusche und los geht's. Schnelle Dusche ist dabei leichter gesagt, als getan. Das Bad ist so eng gebaut, dass jeder Toilettengang von Leuten ab einer Größe von 1,50m artistische Glanzleistungen erfordert. Will man auf der Toilettenbrille sitzen, muss man die Knie hinter dem Kopf zusammendrücken. Wer nicht so gelenkig ist, kann auch einen Spagat machen und sich dabei, mit beiden Händen an der direkt vor der eigenen Nase befindlichen Wand abstützen. Ich weiß nicht, wer das geplant hat, aber die Platzprofis von IKEA würden bei dieser Toilette bestimmt ins Schwärmen kommen.

Auch das Duschen gestaltet sich in dem kleinen Bad etwas schwierig, denn beim „Gang" unter die Brause hat man vorerst die Hürde des Toilettenbeckens zu überwinden und danach eine 40cm hohe Aufkantung des Duschbeckens zu bewältigen. Dazwischen gibt es keine Möglichkeit sich auszuruhen, denn dafür ist einfach kein Platz da. Das Duschen selbst, ist weniger aufregend, so lange man es schafft seinen Körper unter den einsamen harten Strahl, der direkt aus der Wand in 1,50m Höhe schiesst, zu positionieren.

Doch wir sind sportlich und so meistern wir das Naßzellenabenteuer in Bestzeit. Frisch geduscht und aufpoliert kann es dann auch schon losgehen. Heli schnappt sich noch schnell ihre Uhr vom Nachttisch und dann klappt die Zimmertür. "Es ist doch erst um drei Kay und nicht um fünf." Ups, sie scheint wohl etwas sauer mit mir zu sein, da ich sie so früh aus ihren Mittagsträumen geschreckt habe. Ich schaue auf die Uhr. „Da steht aber um fünf." „Maaan, die ist noch nicht auf panamuhrische Zeit umgestellt." Ich bin jetzt lieber still und verkneife mir weitere Kommentare.

Heli brabbelt noch irgendetwas von 2 Stunden Zeitverschiebung, bevor wir uns trotzdem schon mal auf den Weg machen. Wo genau dieser Weg ist, wissen wir zu diesem Zeitpunkt nicht genau, denn unser

Stadtplan ist nicht der Beste und der Maßstab haut auch irgendwie nicht hin.

Wir könnten nun die einfache Variante wählen und ein Taxi rufen, aber wir haben Urlaub und Zeit, da wir ja superpünktlich vom Mittagsschlaf aufgestanden sind. Also machen wir uns zu Fuß auf Erkundungstour. Zuerst geht´s durch die Einkaufsstraße auf der Avenida Central und hier spüren wir das pure panamalltägliche Leben. Die Geschäfte sind brechend voll und auf der Straße reibt sich die Panameute dicht an dicht. Und dabei stellt sich die Frage, wie sieht er eigentlich aus, der typische Panamate? Wir können kein hervorstechendes Merkmal erkennen. Die Einwohner Panamas sind ein Mischvolk aller Hautfarben und Nationen und so fallen auch wir hier überhaupt nicht auf.

Den Stadtplan haben wir inzwischen zerknüllt und entsorgt. Nichts darauf war dort, wo es sein sollte. Unsere Orientierung beschränkt sich nun auf die Hinweisschilder der Straßen und diese sind scheinbar nur für Autofahrer gedacht, denn wir stehen plötzlich auf einer Schnellstraße, auf der im Nichts der Fußweg endet. In Badeschlappen und kurzen Shorts kämpfen wir uns durch das dichte Grün der Straßengräben und halten uns eisern an die Hinweisschilder. Fußgänger gehören hier wohl eher nicht ins Verkehrsbild und ich bin mir nicht sicher, ob es Beifall, Bewunderung oder Mitleid ist, was die Autofahrer mit ihrem Hupkonzert ausdrücken wollen. Irgendwann nach der Überquerung mehrerer Straßenverknotungen macht sich Erleichterung breit. Der Verkehr beruhigt sich und es gibt wieder so etwas wie einen Fußweg. Wir gelangen in ein ruhiges Wohnviertel, direkt am Wasser und suchen nach neuen Orientierungspunkten. Dabei sticht uns ein gemütlicher Biergarten ins Auge und eine Erfrischung haben wir uns, nach inzwischen zwei Stunden Fußmarsch redlich verdient. Das Schild, „Nur für Mitglieder des Yachtclubs" ignorieren wir einfach und die Bedienung scheint dies auch zu tun. Wir sitzen bei einem eisgekühlten Frischem und schauen über einen kleinen Yachthafen. Und dann entdecken wir am Ende des kleinen Hafens eine große Brücke. Es ist die Brücke, welche die Panamericana über den Panamakanal führt. Wir sitzen also nicht weit vom Eingang zum Panamakanal entfernt. Jetzt bemerken wir auch die vielen Containerschiffe, die draußen auf dem Pazifik vor Anker liegen und auf Einlass in den Verbindungskanal zur Karibik warten. Man muss eben nur mal genau hinschauen.

Der Kanal ist in Sichtweite, hier können wir also gar nicht so verkehrt sein und so ziehen wir frisch gestärkt weiter. Unser Ziel, die drei kleinen Inseln, haben wir jetzt in Sichtweite und unsere Schlappen spazieren nun auf der künstlich angelegten Straße, welche Panama Stadt mit den Inseln verbindet und gleichzeitig als Wellenbrecher dient, entlang. Dort auf einer der Inseln soll es eine Freihandelszone geben und da wir momentan irgendwie völlig orientierungslos in Panama umher irren, beschließen wir, uns nach so einem neumodernen Gerät umzuschauen, was eingebautes GPS besitzt. Heli meint, das nennt sich Tablet. Ich kenne so was nur zum Tisch abräumen. Na ja, die Zeiten ändern sich eben.

Die Zeit vergeht schnell und der Tag neigt sich langsam dem Ende. Bei Sonnenuntergang erreichen wir dann die erste Insel und auch schnell die Zweite und Dritte. Doch von Freihandelszone keine Spur. Wir fragen einige Leute auf der Straße, aber keiner weiß etwas davon. Egal, unser Tagesziel ist erreicht und meine Füße sind gefühlte zwei Zentimeter abgelatscht. Bis auf ein paar Restaurants, und ein paar chice Yachten, finden wir nichts Aufsehen erregendes. Wir beschließen uns wieder auf den Heimweg zu machen, aber dieses Mal auf den Luxus eines Taxis nicht zu verzichten. Für 3 Dollar fahren wir bis vor unsere Hosteltür und wofür wir einen dreistündigen Fußmarsch benötigt haben, benötigt das Taxi nur 10 Minuten. Der Taxifahrer scheint sich hier auszukennen und ich kann nur erahnen, welchen Umweg wir gemacht haben. Aber dafür kann ich jetzt fast jede Automarke Panamas am Klang der Hupe erkennen.

Nicht weit von unserem Hostel befindet sich ein kleines gemütliches Restaurant, direkt an den Klippen, oberhalb des Pazifiks. Eine Kleinigkeit könnten wir ja noch essen. „Für mich Spaghetti Carbonara und für meine Frau, das Rindersteak. Dazu eine Kanne Sangria bitte." Das Essen ist ausgezeichnet, aber etwas knapp bemessen. Der Sangria ist super lecker. Nur als ich bezahle, bekommt er einen leicht sauren Beigeschmack. Für 25 Dollar war es, glaube ich, der teuerste Sangria, den wir je getrunken haben.

Unser Bett ruft und mit müden Füssen fallen wir, nach kurzem Besuch im Hindernisparcour unseres Badezimmers, ins Bett.

Gute Nacht.

Tag 2 – Vom Pazifik zum Atlantik und noch weiter

Ich werde wach und schaue aus dem Fenster unseres Hostelzimmers. In den dunklen Hinterhof dringt noch kein Tageslicht, doch wir dürfen heute nicht zu spät aufstehen, denn wir haben frühe Termine. Ich rutsche aus dem Bett in die Latschen. Wo ist die Uhr? Da ist sie ja, 5.30 Uhr. Zeit zum Aufstehen. Ich rüttele Heli so liebevoll wie möglich wach und begebe mich ins Badeturnzimmer. Inzwischen habe ich schon etwas Routine bei den Übungen zur Morgentoilette und ohne Zerrung stehe ich wieder frisch rasiert und gestriegelt vor dem Bett meiner Frau. „Aufstehen, wir müssen los. Der Zug wartet nicht auf uns." Langsam schraubt sie sich aus dem Bett und begibt sich in das Abenteuer Hindernisduschen. Die Rucksäcke sind gepackt und wir können los. Meine Frau bindet sich ihre Uhr um. „Kay??? Nicht schon wieder! Es ist erst 3.30Uhr." Ups, da habe ich wohl schon wieder vergessen die zwei Stunden Zeitunterschied abzuziehen.

„Wieso stellst du eigentlich nicht endlich deine Uhr um, so wie es jeder macht?"

„Weil ich nicht jeder bin!"

Na gut, dann hauen wir uns eben nochmal für zwei Stunden aufs Ohr. Natürlich in voller Reisemontur und ohne die Rucksäcke nochmal auszupacken.

Jetzt ist es tatsächlich halb sechs und wir hätten doch glatt verschlafen, wenn ich nicht mein Telefon, mit der richtigen Zeit, aktiviert hätte. Wir verabschieden uns von unserem Badezimmer, geben die Schlüssel an der Rezeption ab und verlassen unser Hostel. Ein Kaffee wäre jetzt gut, aber es ist noch nichts los auf den Straßen und alle Geschäfte sind noch geschlossen. Wir laufen zur nächsten Häuserecke und halten nach einem Taxi ausschau. Taxis gibt es in Panama Stadt immer und überall und man muss nicht lange auf eins warten.

Heute wollen wir mit der Eisenbahn, der Panama Railway, entlang des Panamakanals an die Karibikküste nach Colon fahren. Das Ende des Tages ist noch ungewiss, denn wir haben noch keine Zimmerreservierung und wissen auch noch nicht, wo wir am Abend landen werden.

Es dämmert langsam und die Luft ist angenehm warm. Ein Taxi hält direkt vor unserer Nase. Wir fragen nach dem Preis und einigen uns auf fünf Dollar bis zum Bahnhof der Kanaleisenbahn. Unterwegs halten wir noch an einer Bank, um unsere Urlaubskasse etwas aufzufrischen. Nach unseren Recherchen sollen Geldautomaten in Colon knapp sein. Meine Frau zückt die Kreditkarte, die wir extra für diesen Urlaub etwas aufgestockt haben. Während sie am Bankautomaten ihr Glück versucht, schwatze ich mit dem Taxifahrer über die Bundesliga und muss ihm erklären, wer Herta BSC ist. „Kenn ich nicht. Die spielen in der Bundesliga?" Meine Frau gesellt sich wieder zu uns. „Alles klar! Der Automat war gut gelaunt und wir können weiter." Nach ein paar Minuten kommen wir am Bahnhof der Panamakanal Railway Company an.

Die Bahnsteige sind noch geschlossen. Ein potentieller Fahrgast sitzt schon an dem eisernen Tor und wartet, dass der Fahrkartenschalter öffnet. Schnell merkt er, dass wir Landsmänner sind und wir kommen ein wenig ins Gespräch. Seit zwei Jahren ist er schon unterwegs und mit dem Segelboot von Griechenland bis nach Panama gesegelt. Jetzt wartet er auf die Einfahrt in den Panamakanal und will sich das Bauwerk schon mal von Land aus angucken.

Eine freundliche uniformierte Panadame winkt uns zu und gibt zu erkennen, dass wir unsere Tickets lösen können. 25 Dollar kostet die einstündige Fahrt entlang des Panamakanals pro Person. Für Touristen wurde extra ein Wagon mit bequemen Sitzen und Glasdach an den Zug gehängt. Wir steigen ein und bekommen zu meiner Verwunderung einen Kaffee angeboten „Der kostet nichts und wenn ihr wollt, gibt es Nachschlag." Ein paar Kekse und Erdnüsse liegen auch neben der Kaffeetasse.

Unsere Reisegruppe ist inzwischen auf knapp zehn Personen angewachsen und ich stelle fest, dass alle deutsch sprechen. Wir Deutschen sind eben ein reiselustiges Völkchen. Dann, pünktlich um 7.15Uhr, setzt sich der Zug in Bewegung. Die Klimaanlage im Wagon lässt uns frösteln und die Zugbegleiterin gibt uns den Tipp nach draußen auf die Aussichtsplattform zu gehen. Es gibt dort zwar keine Sitzplätze, aber der Blick ist toll und wir können die angenehmen Temperaturen von geschätzten 25 Grad genießen. Der frische Fahrtwind ist besser als jede Klimaanlage und ich hole uns noch einen Kaffee an Deck.

Und dann kommt der Panamakanal in Sicht, der ganz anders aussieht, als ich ihn mir vorgestellt habe. Er ähnelt mehr einem langgestreckten See und ist viel größer als ich dachte. Dicke Containerschiffe kommen uns entgegen, die auch viel größer sind als ich sie mir vorgestellt hatte. Eine Fahrt durch den Panamakanal kann der Rederei durchaus schon mal 125.000Dollar kosten. Dafür braucht der Steuermann anstatt 15.000km auch nur 80km zurücklegen, um vom Pazifik zum Atlantik zu gelangen.

Wir fahren durch den sattgrünen, in der Morgensonne dampfenden Regenwald und immer wieder lugt der Kanal durch die dichte Blätterwand. Eine alte Holzbrücke erinnert an frühere Zeiten, als die Kanalarbeiter noch die Eisenbahn nutzten. Heute wird die Bahn hauptsächlich von Pendlern, die geschäftlich von Panama Stadt nach Colon müssen, genutzt. Oder eben von Touris, wie wir es heute sind. Die Plattform am Ende unseres Wagons füllt sich langsam. Dichter Dschungel im Wechsel mit glasklaren Seen sind faszinierende Motive und wenn man nicht gerade die Kamera bedient, hört man den Reiseberichten der anderen Fahrgäste zu. Nach gut einer Stunde Fahrtzeit ist das Abenteuer Panamakanal auch schon wieder zu Ende und wir hätten gern noch mehr davon gehabt.

Der Hafen von Colon ist in Sicht und die Bahn wackelt an grauen Wohnblocks und hässlichen Zweckbauten vorbei. Colon ist eine große Hafenstadt an der Karibikküste, welche aber keinerlei karibischen Charm versprüht. Es ist jetzt 8.30 und der Zug fährt langsam in den Bahnhof, der sich direkt gegenüber der zweitgrößten Freihandelszone der Welt befindet. Diese ist auch unser nächstes Ziel, denn wir haben immer noch keine Landkarte, die uns den rechten Weg zeigt und in der Freihandelszone wird es bestimmt so ein modernes Ding mit GPS geben.

Ein Taxi fährt uns dann vom Bahnhof, für 2Dollar pro Person, zum Eingang der zollfreien Einkaufsmöglichkeit. Nach Vorlage unserer Reisepässe dürfen wir das Gelände betreten und bekommen nun einen kleinen Eindruck davon, wie groß diese

Freihandelszone überhaupt ist. Ein Lageplan gibt uns eine erste Orientierung über die Geschäfte und deren Lage. Für die, die sich nicht alleine in das Shoppingabenteuer stürzen wollen, bieten etwas aufdringliche Shoppingguides ihre Hilfe an. Wir können unseren Guide nach ein paar freundlichen „Nein, danke" abwimmeln und machen uns auf die Suche nach den Technikcentern. Etwas lästig sind dabei unsere Rucksäcke, aber eine Gepäckaufbewahrung gibt es nicht und mit zehn kg Gewicht sind diese dann auch nicht all zu schwer.

Nach einer Stunde haben wir genügend Geschäfte abgegrast und uns einige Angebote eingeholt. Ein Samsung Tab3 mit GPS soll es nun sein.

„Können wir mit Kreditkarte bezahlen?"

„Aber selbstverständlich."

Meine Frau holt ihre Geldbörse aus der Tasche und kramt darin herum. Nach einer Weile frage ich was los ist, denn sie kramt immer noch und wird dabei immer hektischer. Inzwischen hat sie alle Fächer dreimal durchforstet und auch ihre Gesichtsfarbe hat sich von gesund rosa, über blassgrün auf tot weiß verfärbt.

„Die Kreditkarte ist weg."

Nach kurzer, angestrengter Überlegung meint sie, dass sie diese wohl im Geldautomaten stecken lassen hat. Mit viel Glück, hat der Automat die Karte dann nach einer Weile wieder eingezogen. Doch das weiß in diesem Moment nur der Automat.

Eigentlich müsste ich jetzt sauer sein, aber ich gebe mich verständnisvoll und tröste sie.

„Das kann doch jedem passieren."

Wir haben noch eine andere Kreditkarte, doch der Kreditrahmen ist beschränkt und der Urlaub wird nun etwas billiger gestaltet werden müssen, als geplant. Trotzdem kaufen wir nun das Tablet und es kommt auch sofort zum Einsatz. Wir dürfen das Internet des Geschäftes nutzen und kontaktieren unsere Bank. Heli tippt und wischt auf dem Bildschirm des neuen Geräts herum.

„So, die Karte ist gesperrt. Sollte bis zu diesem Moment noch niemand unser Geld bewegt haben, ist es jetzt erst einmal eingefroren, bis wir wieder aus dem Urlaub zurück sind."

Ich bin schon ein wenig fasziniert von unserem neuen Gerät und wische auch einmal über die Glasscheibe, doch nichts passiert.

Wir schnallen die Rucksäcke auf und verlassen das Geschäft. An einer kleinen Würstchenbude machen wir halt. Heli braucht jetzt einen Kaffee. „Für mich bitte ein eisgekühltes Bierchen." Normalerweise meckert Heli jetzt, weil es ja noch nicht mal 12.00Uhr ist und ich schon Bier trinke. Doch heute sagt sie nichts, wohl wissend, dass ich eigentlich einen Grund hätte zum schimpfen. Da hat die Sache doch auch sein Gutes und ich bestelle mir gleich noch ein zweites hinterher.

Wir sind nun seit 36 Stunden in Panama und beschließen, dass es nun langsam Zeit für Strand, Palmen und Meer ist. Dank Googlemaps und unserem neuen Tablet markieren wir unsere genaue Position und suchen nach dem nächsten schönen Strandabschnitt. Wir brauchen einen Bus, der in Richtung Porto Belo fährt. Durch ein großes Eisentor verlassen wir die Shoppingstadt und fragen zwei

Zöllner, wie wir zum Busbahnhof kommen. Sie erklären uns den Weg und als wir in die besagte Richtung laufen wollen, halten sie uns an.

„Seid ihr verrückt? Nehmt euch lieber ein Taxi, das ist sicherer. Es sei denn ihr wollt ohne Gepäck und nackt weiter reisen."

Wir hören auf die netten Uniformierten und nach einer Minute sitzen wir auch schon im Taxi. Für 2Dollar fährt uns der Fahrer zum Busbahnhof. Die Straßen sind belebt. Wir fahren an grauen Fassaden von drei bis vierstöckigen Häusern vorbei. Die schwüle Luft steht in den vermüllten Hinterhöfen und überall hängt bunte Wäsche aus den Fenstern. Als wir am Busbahnhof ankommen, ist unser Gepäck immer noch im Kofferraum und wir verabschieden unseren Taxifahrer. Es geht schon etwas chaotisch zu auf dem Bahnhof, aber die Bushaltestellen sind gut ausgeschildert und so finden wir auch schnell den richtigen Bus.

Unser Ziel ist die Playa la Angosta, welche im Internet als „schöner Strand mit überwiegend einheimischem Publikum" beschrieben wird. Wir hoffen auch, dass wir dort eine Unterkunft für die kommende Nacht finden werden. Die Fahrt dorthin kostet 1Dollar den man direkt beim Busfahrer bezahlt. Diesen fragen wir auch, ob er uns bei der Playa la Angosta rauslässt und uns Bescheid gibt, wenn es soweit ist. Jetzt können wir uns erst einmal zurücklehnen und ein bisschen entspannen, soweit dies auf den klebrigen Kunstledersitzen möglich ist.

Nach ca. 70km entlang der Karibikküste sind wir an unserem Ziel und der Busfahrer gibt uns das Zeichen zum aussteigen. Es ist inzwischen 13.00Uhr und die Mittagssonne steht hoch am Himmel. Unsere Mägen melden sich, doch bevor wir etwas essen, wollen wir einen ersten Blick auf den Strand werfen. Eine kleine Bucht mit Kokospalmen und gelbem Sand liegt vor uns. Das Thermometer steht bei 30°C und leichte Wellen rutschen über den Strand. Platz zum Sonnenbaden ist genug und die wenigen Badegäste verteilen sich über die ganze Bucht. In einer kleinen Holzbude werden Schwimmtiere, Taucherbrille, Schnorchel oder sonstiges Strandspielzeug zum Verkauf angeboten. Fast direkt am Meer befindet sich ein kleines Restaurant, welches wir nun ansteuern. Für insgesamt 25 Dollar bekommen wir ein gutes Essen serviert, natürlich mit Erfrischungsgetränken ergänzt. Wir erkundigen uns bei unserer Bedienung nach einem Zimmer für die Nacht. „Zimmer gab es hier früher mal zu vermieten, aber das ist schon ein paar Jahre her." Wir müssen also weiter ziehen, doch bevor wir wieder die Rucksäcke aufschnallen, beschließen wir bis zum Nachmittag in das karibische Leben einzutauchen.

Ein Mittagsschläfchen im Schatten einer großen Kokospalme, baden im türkisblauen 25°C warmen Wasser, dazu ein Cuba libre für Heli und für mich ein lecker Bierchen. Wir haben Urlaub und genießen einfach den schönen Nachmittag am Strand.

Dann ist es 15.30Uhr und Badehandtuch und Sonnencreme wandert wieder in den Rucksack. Wir wollen weiter in die nächst größere Stadt Porto Belo. An der Straße halten wir, schon sehr routiniert, den Zeigefinger in die Luft und der Bus stoppt direkt vor unserer Nase. Wir bezahlen wieder einen Dollar pro Person und dürfen uns unter die anderen Fahrgäste mischen. Aus dem Radio klingen karibische Klänge und der bunte Bus fährt gemächlich immer die Küste entlang. Laut unserem GPS kann das Städtchen Porto Belo nicht mehr weit sein, als wir am Straßenrand ein Hinweisschild auf eine kleine Hotelanlage entdecken. Schnell an der Reißleine, die sich an der Decke des Busses befindet, gezogen und dem Busfahrer wird durch ein Klingelzeichen signalisiert, dass jemand aussteigen will.

Es ist jetzt 17.00 Uhr und wir stehen wieder auf der Straße und laufen ein kurzes Stück zurück, bis wir an der Tür des kleinen Hotels ankommen. An der Rezeption fragen wir nach einem freien Zimmer und werden zum Büro der Chefin des Hauses gebracht. Wir kommen in einen Raum, der voll mit Aktenbergen, Büchern und Kisten gestapelt ist. Ein freundliches „Hola" kämpft sich durch die Papierberge und wir entdecken im tiefsten Inneren dieses Zellulosegebirges einen Schreibtisch mit einer Frau dran. Wie diese dort hingekommen ist, oder ob sie vielleicht niemals ihren Platz verlässt, ist uns bis heute ein Rätsel. Sie erklärt uns, dass sie eigentlich ausgebucht ist, aber vielleicht später ein Zimmer frei wird. Genaueres weiß sie aber erst gegen 19.00Uhr. Wir fragen nach Unterkünften in Porto Belo und sie erklärt uns, dass es dort ein paar Hotels gibt, aber sie keine Info darüber hat, wie deren Auslastung zur Zeit ist. Die Hochsaison steht vor der Tür und da könnten Zimmer schon mal knapp werden.

„Wie weit ist es noch bis Porto Belo?"

„So ungefähr drei Kilometer."

Wir entschließen uns unser Glück vorerst dort zu versuchen und verabschieden uns von der Hüterin der Aktenberge und suchen den Weg aus ihrem Büro.

Seit einer halben Stunde wandern wir nun schon wieder entlang der Straße, vorbei an üppigem Grün. Kein Bus hat uns bis jetzt überholt. Die Rucksäcke werden langsam schwerer und auch wenn mein Rucksackreißverschluss seit dem Vorfall am Flughafen ordentlich funktioniert, fangen nun allmählich die Tragegurte an, schlapp zu machen. Deren Naht zum Sack löst sich immer mehr auf und droht dem Sack mit freiem Fall. Ich kann nicht unbedingt sagen, dass meine Laune schlecht ist, aber sie tendiert mehr und mehr dort hin. Gefühlte 10km laufen wir nun schon die Straße entlang, haben Porto Belo immernoch nicht erreicht und wir haben noch keine Unterkunft für die heutige Nacht. Außerdem bin ich schon wieder ganz schön durstig. Desweiteren droht sich mein Rucksack zu verabschieden und das Schlimmste, ich weiß nicht, auf Grund von Kreditkartenfressenden Automaten, ob ich mir am Ende des Urlaubes noch ein Bier leisten kann. Doch momentan kann ich viele der negativen Emotionen noch auf die chinesischen Hersteller meines Rucksacks abwälzen und schimpfe in mich hinein.

Die Sohle meiner Badelatschen wird immer weicher und die Schuhgröße ist von 45 auf geschätzte 50 gelatscht. Dann sehen wir am Straßenrand eine alte Festung. Es ist die Festung von Porto Belo, welche die Spanier zum Schutz gegen Piraten errichteten. Porto Belo war früher ein wichtiger Goldumschlagplatz, an dem die Spanier das geraubte Gold der Indianer auf ihre Schiffe verluden, um es nach Europa zu transportieren. Für die Piraten ein attraktives Ziel und so gab es in der Bucht von Porto Belo einige blutige Schlachten. An der Festung machen wir eine Pause und sitzen auf einer der alten Kanonen, welche die

Spanier hier zurückgelassen haben und die noch heute an die damalige Zeit erinnern. Ja so sind sie, die Spanier. Erst rauben sie den Indianern ihr Gold und am Ende können sie nicht mal ihren ganzen Kriegsmüll wegräumen.

Am anderen Ende der Festung, sehen wir bekannte Gesichter. „Das sind doch die Beiden von heute früh, aus dem Zug. Sie haben keine Rucksäcke mehr dabei und werden wohl schon ein Hotelzimmer in Porto Belo bezogen haben. Bestimmt sind die auch nicht inzwischen gefühlte 20km gelaufen und ganz bestimmt haben die noch alle ihre Kreditkarten. Die Welt ist so ungerecht. „Warum können wir nicht normal Urlaub machen?"

Heli muntert mich auf. Sie weiß genau wie sie das macht. „Komm wir gehen weiter. Da vorne ist schon die Stadt und sicherlich gibt es dort ein eisgekühltes Bierchen." Der Gedanke daran gibt mir wieder neue Kraft und schon bald sind wir im Stadtkern des kleinen beschaulichen Fischerdörfchens angekommen. Ich entdecke am Straßenrand eine kleine Pinte und steuere geradewegs darauf zu. Jetzt nimmt Heli auch ein Bier und wir schauen der Bedienung, die mit unserer Bestellung in die Küche geht, mit offenem Mund hinterher. 1,50m groß und ihr Gewicht reicht locker für zwei Kellnerinnen, wobei ihre Geschwindigkeit, mit der sie durch die Gaststube saust nur der, einer halben Kellnerin entspricht. Erstaunlicher Weise steht dann irgendwann und unerwartet zügig unser Bier auf dem Tisch.

Wir erkundigen uns nach einem Hotel, doch mit dieser Frage ist das mollige Kalorienmodel anscheinend völlig überfordert und Heli meint ein kurzes Schulterzucken erkannt zu haben. Wir zahlen unsere zwei Bier und begeben uns weiter auf Zimmersuche. Ein Schild am Straßenrand weist uns den Weg zu einem Hostel und nach ein paar hundert Metern sind wir auch schon da. Wir werden freundlich in der Bar des Hostels „Kapitän Jack" empfangen und ich fühle mich irgendwie gleich wohl. „Was sollen wir länger suchen, wir bleiben hier." Bevor wir uns unser Zimmer ansehen, nehmen wir kurz an der Bar Platz und gönnen unseren trockenen Kehlen erneut eine Erfrischung.

Der Chef des Hauses begleitet uns zu unserer Unterkunft. Das Zimmer ist einfach und schließt an ein Mehrbettzimmer an, welches wir zum Schlafengehen durchqueren müssen. Wir bekommen frische Bettwäsche. Beim Blick ins Bad entdecke ich eine, ich nenne sie mal so, Waschbeckendusche. Was das ist? Der Duschkopf befindet sich über dem Waschbecken und kann je nach Bedarf, auf das Waschbecken oder auf die davor stehende Person gerichtet werden. Als Ablauf für die Dusche, sowohl auch für das Waschbecken befindet sich unter dem Waschbecken ein Loch. Genial einfach eben.

Zur Gemeinschaftstoilette geht es durch das Nachbarzimmer, in dem 6 Leute ihr Quartier bezogen haben. Egal, für heute Nacht geht das alles in Ordnung und der Hausherr verspricht uns zum Frühstück frischen Kaffee.

Wir haben uns unter der Waschbeckendusche etwas frisch gemacht und wollen einen kleinen Spaziergang in das Stadtzentrum machen um eine Kleinigkeit zu essen. Es ist inzwischen 20.00Uhr und wir schlendern durch die menschenleeren Gassen des kleinen Fischerstädtchens. Wobei die Bezeichnung Stadt für das kleine Dörfchen eigentlich übertrieben ist. Wir kommen am ehemaligen Goldlager vorbei, in dem heute der Bürgermeister sitzt und direkt gegenüber entdecken wir ein gemütliches Lokal. Wir bestellen uns Meeresfrüchte und dazu einen leckeren Wein.

Eine Weile sitzen wir auf der Dachterrasse der Gaststätte und schauen über die Dächer der flachen Häuser auf das alte Goldlager. Ein warmer Wind bläst durch die Nacht in unsere Nasen. So riecht also die Karibik.

Wir sind satt und müde und machen uns langsam auf den Weg zu unserem Hostel. Dort gönnen wir uns noch einen Absacker an der Bar, bevor wir erschöpft in unsere Betten fallen.

„Was steht morgen eigentlich auf dem Plan?"

„Morgen befahren wir den Panamakanal."

Gute Nacht.

Tag 3 – Mitten im Dschungel

Es ist 1.00 Uhr Morgens und ich werde von einem Geräusch geweckt. Es hört sich an, als ob Schnee von unserem Dach rutscht. Doch das kann nicht sein, wir sind hier an der Karibikküste und die Nacht ist schwül und 25°C warm. Und vor allem befindet sich unser Zimmer im Keller. Aber was ist das für ein Geräusch. Auch Heli ist inzwischen wach geworden und lauscht in die Dunkelheit. Und da ist es wieder, dieses seltsame Rauschen. Ich mache Licht. Es ist nichts zu sehen. Wir liegen in der unteren Etage eines doppelten

Doppelstockbettes und immer wieder dieses Geräusch. Als wenn jemand einen Eimer Eiswürfel auf die Styroporzwischendecke unseres Zimmers kippt. „Ich glaube das sind Ratten oder Mäuse." Dann folgt wieder Stille und wir schlummern ein. Erneut werden wir wieder durch dieses Geräusch geweckt und wir horchen, was das sein könnte, bevor wir abermals einschlafen. 6.00 Uhr morgens stehen wir dann auf. Nicht ganz ausgeruht, aber froh, dass diese Nacht zu Ende ist. Unser Verdacht, dass die Geräuschkulisse der letzten Stunden von kleinen Nagern stammte, bestätigt sich, als wir auf dem Bett über uns kleine Rattenköttel finden, die durch die Ritzen der Zwischendecke auf die Matratze fielen. Auch auf dem Boden liegen überall kleine braune Hinterlassenschaften der niedlichen Nager und die Anzahl lässt nur erahnen, wie groß die Population der nächtlichen Störenfriede ist. „Komm los, wir verschwinden." Schnell eine Dusche und die Sachen gepackt. Es ist jetzt 6.30Uhr und wir stehen reisefertig in der Bar des Hostels, welche auch gleichzeitig die Rezeption der Unterkunft ist. Leise Musik dudelt noch aus den Boxen und wir entdecken den Chef des Hauses, den Kopf schützend über sein Laptop gelegt, am Ende der Bar. Eigentlich hatte er uns einen Kaffee versprochen, doch wir sind leise und lassen ihn erst einmal schlafen. Draußen dämmert es und leichter Regen klopft aufs Blechdach der Terrasse. Wir locken uns ins hauseigene Internet ein und laden uns die Landkarte für den heutigen Tag herunter. Plötzlich hebt der Betreiber des Hostels seinen Kopf und schaut uns durch rot gefärbte Augen fragend an. Er rappelt sich auf, wobei er sich mit den Armen im Kabelsalat seines Laptops verfängt. Aber verhältnismäßig schnell hat er die Kabelfesseln wieder gelöst und verschwindet ohne ein Wort ins Nachbarzimmer. „Er wird wohl Kaffee machen." Wir freuen uns und ziehen uns noch einige Informationen über die heutige Tour auf den Bildschirm. Jetzt ist es schon 7.00Uhr, doch von Kaffee noch keine Spur. Ich schaue leise in das Nachbarzimmer der Bar doch auch hier nur Stille und kein Zeichen von Leben. Mehrere „Hallo" bleiben unbeantwortete und wir überlegen was wir nun tun. Wir wollen gehen, müssen aber vorher noch unser Zimmer bezahlen. 25 Dollar war der ausgemachte Preis, mit Frühstück. Wir rechnen den versprochenen Kaffee dagegen und auch für die Ratten gibt's ein paar Mäuse Abzug. Wir schieben ihm 20 Dollar unter sein Laptop, schnallen die Rucksäcke auf und verlassen das Hostel „Kapitän Jack". Für die kommende Nacht haben wir schon eine Unterkunft im Voraus gebucht und bezahlt. Unser Ziel ist das Hausboot von Kapitän Karl, mitten im Dschungel auf einem der Nebenarme des Panamakanals. Schon wieder ein Kapitän und ich bin gespannt, welche Überraschungen uns dort erwarten.

Wir fahren mit dem Bus von Porto Belo nach Sabanita. Hier müssen wir umsteigen und bevor wir weiter in Richtung Panama Stadt fahren, holen wir den längst fälligen Kaffee nach. Ein Sandwich und ein paar Hähnchenflügel stoppen den ersten Hunger. Das komplette Frühstück am Straßenrand gibt's für 4,50 Dollar. So gestärkt sitzen wir dann bald im Bus zum Busterminal von Panama Stadt, welches sich gegenüber von einem riesigen Shoppingcenter befindet. Laut unserer Buchungsbestätigung müssen wir um 16Uhr an den Docks von Gamboa stehen und werden dort abgeholt. Bis dorthin brauchen wir vom Terminal 2 Stunden mit dem Bus. Jetzt ist es 10.00Uhr und also haben wir noch genügend Zeit für einen entspannten Einkaufsbummel. Das Shoppingcenter ist wie alle Shoppingcenter auf der Welt. Viele Leute, viele Läden und viele Schnäppchen. Auch hier findet man einen Kindergarten, wo die Eltern die Kleinen abgeben können, um in Ruhe einzukaufen. Warum gibt es so etwas nicht auch für Ehemänner. Nicht, dass ich nicht gern mit Heli einkaufen gehe, aber nach 10 Minuten reicht es dann auch schon. Da wäre doch so eine Ehemannabgabestation mehr als angebracht. Einen Stuhl, einen Fernseher mit Fußball und ein lecker Bierchen. Die Frauen hätten alle Zeit der Welt zum shoppen und wir Männer würden uns über einen Shoppingnachmittag freuen.

Shoppingmall Albrook

Auch in diesem Shoppingcenter findet man alle Fastfoodketten mit Rang und Namen. Die Panamealer lieben ihre Burger und Pizzen und die Restaurants im Shoppinghaus sind brechen voll. Bevor wir unsere Reise fortsetzen, gönnen auch wir uns einen Snack und erkämpfen uns einen Cheeseburger und eine Coca Cola.

Es ist inzwischen 13.00 Uhr und es ist Zeit zum Aufbruch. Wir beenden den Einkaufsbummel und spazieren wieder zum Busbahnhof. Als wir unsere Bushaltestelle gefunden haben, wird uns der Weg dorthin durch eine Drehtür versperrt. Wir müssen uns erst eine Eintrittskarte für die Bushaltestelle an dem kleinen Schalter nebenan kaufen. Mit dieser können wir dann die Drehtür passieren. Nach Vorlage unserer Reisepässe und der Entrichtung von 1,25 Dollar erhalten wir unsere Eintrittskarte zur Bushaltestelle. Komische Gebräuche haben die hier, aber es machen alle so, also machen wir mit. Was wir zu diesem Zeitpunkt nicht wussten ist, dass das die Fahrkarten des städtischen Nahverkehrsnetzes sind, die wir schon am ersten Tag in den modernen Bussen gesehen hatten. Man kann sie nach Belieben aufladen und dann abfahren.

Unser Bus steht schon bereit und wir müssen jetzt noch für 1 Dollar unseren Fahrschein nach Gamboa kaufen, da wir nach außerhalb fahren. Gamboa ist ein kleines, von den Amerikanern errichtetes Dörfchen am Panamakanal und von Panama Stadt ungefähr 1,5 Stunden Fahrtzeit entfernt. Unser Bus ist nur halb voll und wir suchen uns zwei bequeme Plätze. Unsere Fahrt führt uns nochmals am Bahnhof der Kanaleisenbahn vorbei. Etwas weiter kommt die Einfahrt zu den Miraflores Schleusen, bevor es auf einer Landstraße parallel zum Panamakanal durch den Regenwald geht. Dabei möchte ich bemerken, dass die Federung des Busses im Zusammenspiel mit den Bodenwellen der Straße, für Frauen das Tragen eines Sport-BHs unbedingt empfehlenswert macht.

Bald haben wir das Dörfchen Gamboa erreicht. Wir steigen an dem Verladehafen aus und suchen nach einer eventuellen Anlegestelle für kleinere Boote. Es ist jetzt 15.00Uhr und der Himmel ist bewölkt. Immer wieder gab es heute kleine Regenschauer und die Sonne ließ sich nur selten blicken. Die Temperaturen sind angenehm und nicht zu heiß. Ideal um mal wieder mit dem Rucksack auf Wanderschaft zu gehen. Wir fragen einen Hafenarbeiter, ob er wüßte wo hier die Anlegestellen für Lanchas und Sportboote sind. „Keine Ahnung, vielleicht dort hinten die Straße runter." Und schon sind wir in die besagte Richtung unterwegs. Nach 500m sind wir an der beschriebenen Stelle, doch auch hier nichts von einem kleinen Sporthafen zu sehen. Wir kehren um und laufen zurück und dieses Mal werden wir von einem freundlichen Panamaps in die andere Richtung geschickt. „Ihr müsst zurück, durchs Dorf und über die Holzbrücke laufen. Dann links am Kanal entlang. Da kommen dann die Anlegestellen für die Lanchas." Jippi, das sind ja nur ca. 2km Fußweg.

Immer noch drohen meine Tragegurte des Rucksacks mit Abriss und wieder laufen wir durch Panama, ohne zu wissen was da kommt. Ich bewundere Heli, die vor mir läuft, als ob sie sich hier auskennt. Um 16.00Uhr sollen wir am verabredeten Treffpunkt mit dem Boot abgeholt werden. Doch wo ist dieser Treffpunkt und wieso ist es jetzt schon fünf vor vier. Wir laufen über die alte Holzbrücke. Heli zieht das Tempo an und ich stolpere ihr hinterher. Hinter der Brücke links über den Parkplatz, den Weg am Kanal entlang und dann endlich - da sind die Anlegestellen. Doch es sind keine Boote da. Ein paar Männer stehen am Kai und unterhalten sich. Ich frage nach dem Boot von Kapitän Karl und meine Laune wird besser, als ich erfahre, dass wir hier richtig sind. Unsere Blicke sind auf das Wasser gerichtet und welch eine Freude, als um 16.15Uhr unser Boot um die Ecke biegt und kurze Zeit später am Poller festmacht.

Wir hatten nur einen Emailkontakt mit Kapitän Karl in dem er unseren Treffpunkt erwähnte und das ohne jegliche Wegbeschreibung. Was bin ich nun froh, dass wir diesen auch gefunden haben. Außerdem ist bereits alles im voraus bezahlt. Wir sind die einzigen Fahrgäste und nach einer kurzen Konversation mit unserem Bootsmann steigen wir in die Lancha. Der Motor wird gestartet und wir sausen über leichte Wellen. Vor uns taucht dann ein riesiges Containerschiff auf und die leichten Wellen wechseln zu großen Wasserbergen, welche unser Bötchen ganz schön zum schaukeln bringen. Wir sausen direkt über den Panamakanal und nach ca. 15 Minuten verlassen wir wieder die Hauptschifffahrtsstraße und biegen in einen Seitenarm des Kanals ab und schippern nun durch größere Seen mit vielen kleinen Inseln. Die Verbindungskanäle werden immer enger. Und dann taucht es auf.

Das Hausboot von Captain Karl

Direkt vor uns liegt, wie aus dem Nichts das Hausboot von Kapitän Karl. Mitten im Dschungel, am Rande eines ruhigen kleinen Sees. Die Sonne hat sich inzwischen doch noch durch die Wolken gekämpft und legt die gesamte Kulisse in ein fantastisches Licht. Wir hören den Regenwald mit seinen verschiedensten Vogelarten und Insekten. Wir sind da und ich muss zugeben, ich bin begeistert, obwohl ich noch keinen Schritt aufs Hausboot gemacht habe. Wir werden herzlich von Kapitän Karl empfangen, der uns gleich seine Crew vorstellt. Dann zeigt er uns unser Zimmer. „Fühlt euch wie zu Hause. Um 7.00Uhr gibt's Abendessen." Es gibt keinen Fernseher auf dem Zimmer und auch eine Klimaanlage sucht man vergebens. Den Fernseher ersetzt ein einzigartiger Panoramablick über den ruhigen See hinein in die Tiefen des tropischen Regenwaldes. Ein kleiner Ventilator sorgt für eine frische Brise . „Das nenne ich doch mal Urlaub." Ich hole mir ein lecker Bierchen aus, der an Deck befindlichen Kühlbox und setze mich auf die Terrasse unseres Zimmers. In zwanzig Metern Entfernung entdecke ich ein Krokodil, welches gemütlich in sicherer Entfernung an uns vorbei schwimmt. Die Sonne geht langsam unter und Heli gesellt sich mit einem Glas Wein zu mir.

Dann ist es 19.00 Uhr und an Deck riecht es lecker nach Gebratenem. Wir essen zusammen mit Kapitän Karl, einem 22-jährigen Au-pair Mädchen, welches das Essen zubereitet hat und dem Tourguide des Hausbootes. Ein saftiges Rindersteak, leckerer Salat, Spargel und etwas Süßes zum Nachtisch macht den Abend perfekt. Wir sitzen auf der großen Bootsterrasse bei Kerzenschein und einem lauen Lüftchen. Im Hintergrund die Geräusche des Dschungels und dazu ein Frisches oder ein Glas Wein. Wir erzählen mit unseren Gastgebern bis tief in die Nacht hinein, bevor ein fantastischer Abend zu Ende geht.

Am Morgen in Porto Belo begann der Tag so, dass er nur noch besser werden konnte. Das hat er 100-prozentig getan und ich freue mich auf den nächsten Tag.

Gute Nacht.

Tag 4 – Unterwegs auf dem Panamakanal

Es ist 6.00 Uhr. Draußen dämmert es und aus dem Urwald schallen die Rufe von Brüllaffen. Die Luft ist klar und still. Die Sonne steigt langsam in den Himmel und wirft ihre Strahlen auf die sattgrüne Wand am Ufer des Sees.

Frühmorgens auf dem Hausboot

Das Frühstück ist vorbereitet. Wir sitzen auf der Bootsterrasse und schlürfen frischen Kaffee. Dazu ein knuspriges Brötchen, gebratene Würstchen und Rühreier. Typisch amerikanisches Frühstück eben. Eine einzigartige Geräuschkulisse von tausenden Vögeln, verschiedensten Insekten und dem Rauschen des Urwaldes macht das Frühstück zu einem unbeschreiblichen Erlebnis.

„Was wollt ihr heute unternehmen und wie wäre es, nach dem Frühstück, mit einem kleinen Angelausflug?"

Ich habe gehofft, dass Kapitän Karl uns das fragt und bin sofort begeistert. Wenig später sitzen wir auch schon im Boot und starten den Motor. Unser Steuermann kennt sich aus in den Gewässern und zeigt uns seine geheimen Angelstellen.

Wir befinden uns auf dem Panamakanal, genauer gesagt auf dem dazugehörigen Gatunsee. Denn der Panamakanal, über den Panama seit dem 31.12.1999 die alleinige Verantwortung von den USA übertragen bekommen hat, ist nicht nur einfach ein Kanal, den man mal eben vom Atlantik zum Pazifik gebuddelt hat. Nein, er ist ein architektonisches Meisterwerk. Insgesamt sechs Schleusenanlagen müssen die Schiffe durchfahren, wobei sie einen Höhenunterschied von 26m überwinden. Die Schleusen funktionieren ohne Pumpen sondern füllen sich nur durch das Wasser des Gatunsees. Beim Bau des Panamakanals nutzte man den Gatunsee, der vom Rio Chagres gespeist wird und staute diesen auf 26m über dem Meeresspiegel an. Der Rio Chagres ist es nun, der dafür sorgt, dass der Gatunsee nicht leer läuft. Abseits der Hauptschifffahrtstrassen stehen noch heute alte Baumstämme, aus der Zeit vor dem Kanalbau, unter der Wasseroberfläche und wir schlängeln uns mit unserem Boot, langsam durch das Pfahllabyrinth.

Die Angeln sind ausgeworfen und auf den ersten Biss müssen wir nicht lange warten. Ich habe einen schönen Barschburschen bis an den Bootsrand geleiert, doch beim Einholen stelle ich mich zu doof an und mein Fisch fällt wieder ins Wasser. Ein paar kleinere Fische gehen Heli und mir noch an den Haken, doch für das Mittagessen sorgt unser Tourguide Nick mit zwei schönen Exemplaren.

Es ist jetzt 10.00Uhr und die Sonne brennt inzwischen im Nacken. Wir treten die Rückfahrt zum Hausboot an und durchqueren wieder mehrere Seen und Seitenarme des Panamakanals, eingebettet in dichtem Urwald.

Die Köchin des Hausbootes wartet schon auf uns und die beiden Fische wandern sofort in die Küche. Wir vertreiben uns die Zeit bis zum Mittagessen und gehen baden. Ganz wohl ist uns dabei nicht, schwamm hier doch gestern noch ein 2m langes Krokodil vorbei. Kapitän Karl beruhigt uns, als Heli ihn fragt, ob das Baden nicht etwas gefährlich sei, mit den Worten: "We never lost a whole person."(Wir haben noch nie eine ganze Person verloren.) Na toll, das beruhigt uns natürlich sehr. An diesem Tag kommt kein Krokodil vorbei und wir kehren unversehrt vom Badevergnügen auf das Hausboot zurück. Dabei muss ich zugeben, dass ich sehr laut geschwommen bin, um ein eventuell in der Nähe befindlichen Aligator zu vertreiben.

Der Fisch ist knusprig gebraten, appetitlich angerichtet und schmeckt hervorragend. Heute morgen noch fröhlich schwimmend im Panamakanal und jetzt frisch zubereitet auf unserem Teller. Dazu ein lecker Bierchen. Was will man mehr? Ein kleines Mittagsschläfchen ist jetzt genau das Richtige, bevor es dann mit dem Kajak auf Dschungeltour geht.

Wir haben die Schwimmwesten übergestreift und sitzen im Doppelkajak. Ich bin der Steuermann und sitze vorn. Auf geht's in den sattgrünen Regenwald. Wir paddeln durch einen dichten Teppich aus

Seerosen und Wasserpflanzen. Dabei gestaltet sich das Synchronpaddeln schwieriger als gedacht. Immer wieder fahren wir in die falsche Richtung und Heli bekommt bei jedem Paddelschlag von mir, eine Wasserladung gratis ins Gesicht. Es ist sportliche Betätigung die richtig Laune macht. Wir gleiten einen schmalen, kristallklaren Bach entlang. Palmenwedel streifen über unsere Köpfe und unsere Paddel verfangen sich in den herumhängenden Lianen. Dann ist Ende mit Paddeln, denn der Bachlauf wird durch einen kleinen Wasserfall unterbrochen. Wir gönnen uns eine kleine Pause und legen uns in das frische, handbreit tiefe Wasser. Der Urwald lässt keinen Sonnenstrahl auf den feuchten Boden und trotzdem ist es bei gefühlten 28°C angenehm warm.

Für heute ist es genug an sportlicher Betätigung und wir rudern wieder gemütlich zurück zum Hausboot. Erneut versuchen wir uns im synchron paddeln doch irgendwie fehlt uns dazu die Feinabstimmung und wir müssen aufpassen, dass sich unsere Paddel nicht verheddern. Nach knapp zwei Stunden kajacken, legen wir wieder bei Kapitän Karl an. Das gibt morgen einen schönen Muskelkater, doch nun heißt es Sachen packen und das Zimmer räumen, denn um 16.00Uhr geht das Abenteuer Panamakanal, Dschungel und Hausboot zu Ende und wir werden wieder in die Zivilisation zurück geschifft. Kapitän Karl will für ein paar Erledigungen nach Panama Stadt und bietet uns an, bei ihm mitzufahren. Wir haben für die kommende Nacht ein Hotelzimmer in der Hauptstadt gebucht und nehmen sein Angebot gerne an. Doch bevor es losgeht, zeigt uns Kapitän Karl noch seinen hausbooteigenen Zoo. Wir müssen eine Schlange von etwa 2 Metern auf den Arm nehmen und einen Affen auf die Schulter. Das Krokodilbaby bleibt in seiner Wanne und den direkten Körperkontakt lassen wir hier ausfallen.

Und dann sind wir auch schon wieder unterwegs auf dem Kanal. Wir halten noch an zwei kleineren Inseln, wo schon ein paar Affen auf uns warten und freudig unser Boot inspizieren. Natürlich hat Kapitän Karl ein kleines Leckerli für die frechen Primaten dabei und schnell sind Banane und Erdnuss aus unseren Fingern stibitzt.

Primaten unter sich

24 Stunden Dschungeltour liegen nun hinter uns und wir legen wieder an unserem gestrigen Treffpunkt an. Kapitän Karl gibt dem Bootsfahrer noch ein paar Dinge mit, bevor dieser wieder zurück zum Hausboot schippert und wir fahren mit dem Auto weiter. Es ist nun schon das dritte Mal, dass wir in Richtung Panama Stadt fahren. Als wir im Stadtzentrum ankommen, lässt uns unser Gastgeber Kapitän Karl aussteigen und

die Verabschiedung ist herzlich und wir geben unser Versprechen bei unserem nächsten Panamabesuch wieder auf dem Hausboot vorbeizuschauen.

Zeigefinger in die Luft und ein paar Sekunden später hält ein Taxi vor unserer Nase. In unserem gebuchten Hotel „Dos Mares", kommen wir 15 min später an und drücken dem Taxifahrer 5 Dollar in die Hand. Das Hotel befindet sich in der Nähe vom Stadtzentrum, nicht weit von der Strandpromenade entfernt. Das Zimmer ist sauber, das Bad ist geräumig und ich kann keine Mäuseköttel ausfindig machen. Wir befinden uns im ersten Stock des Hauses und unser Fenster öffnet sich auf eine gut belebte Straße mit mehreren Restaurants. Es ist jetzt 19.00Uhr. Die Sonne ist schon untergegangen und wir machen uns stadtfein. Irgendwo noch einen Happen essen und ein kleiner Spaziergang am Strand entlang. Unsere Wahl fällt auf einen kleinen Chinaimbiss und wir bestellen uns ein Hähnchen und ein kaltes Bierchen. Eigentlich könnten wir jetzt schon ins Bett fallen, doch den Strandspaziergang wollen wir nicht ausfallen lassen. Wir werden mit einem fantastischen Blick auf die Hochhäuser von Panamastadt entschädigt und schauen eine Weile in das tausendfache Lichtermeer.

Auf unserem Rückweg zum Hotel kommen wir an der kleinen Bar neben unserem Hotel nicht vorbei. Ein frischer Gerstensaft und ein Caipirinha ist ein schöner Abschluss für diesen tollen Tag. Als wir in unserem Zimmer sind, schaue ich noch eine Weile aus dem Fenster und beobachte das bunte Treiben auf der Straße. Direkt gegenüber von uns befindet sich ein Spielcasino und an der nächsten Häuserecke stehen leicht bekleidete Mädels. Was die dort wohl machen? Die Tische und Stühle vor den Restaurants sind fast alle besetzt und überall klingt Musik aus den Lautsprecherboxen. Ich sehe, wie eines der Mädels in ein haltendes Auto steigt. Die fährt bestimmt nach Hause, um sich etwas wärmeres anzuziehen.

Der Tag war lang und ich krieche zu Heli unter die Decke. Morgen wollen wir zu den San Blas Inseln. Wir haben noch keine Idee, wie wir diesen Plan in die Tat umsetzen, aber beim Frühstück wird uns da schon etwas einfallen.

Gute Nacht.

Tag 5 – Die San Blas Inseln und ihre gierigen Bewohner

Unser heutiges Frühstück ist im Zimmerpreis von 35$ enthalten. Der Kellner scheint gerade vom Auto waschen zu kommen, denn sein T-Shirt ist noch nass und mit panamürrischer Gelassenheit verschafft er sich erst mal einen Überblick über die insgesamt 5 Frühstücksgäste . Jeder von uns bekommt Rühreier und einen Kaffee serviert. Den zweiten Kaffee müssen wir bezahlen, dafür ist dieser aber dann auch warm. Mit auf unserem Frühstückstisch liegt unsere neue technische Errungenschaft, unser neues Tablet. Unser Ziel für heute sind die San Blas Inseln. Ein Reservat der Indianer, welche die insgesamt 365 Inseln in der Karibik bewohnen und in Eigenverantwortung verwalten.

Wir suchen im Internet nach Informationen darüber, wo genau diese Inselgruppe liegt, und wie wir dort hinkommen. Es gibt zwar verschiedene Anbieter, die Touren zu den Indianern anbieten, doch wir möchten diese Tour in Eigenregie unternehmen und erleben, denn durch den Verlust unserer Kreditkarte müssen wir ein wenig sorgsam mit unserer Urlaubskasse umgehen.

Nachdem wir die entsprechenden Ausschnitte der Landkarten geladen und gespeichert haben, fehlt noch ein passendes Fahrzeug für das Unternehmen San Blas Inseln. Im Internet machen wir uns über die in Panama ansässigen Autovermietungen schlau. Wir brauchen ein Allradfahrzeug, denn der Weg zu den Indianern, der uns in den Südosten Panamas führt, ist laut dem schlauen WWW unbefestigt und führt durch äußerst schwieriges Gelände.

Ein paar Suchbegriffe und da ist auch schon eine Autovermietung, die ein passendes Fahrzeug für uns hat. Ein Büro dieser Autovermietung, ich nenne sie mal Balboa um den richtigen Namen „Dollar" zu umgehen, ist auch gleich gegenüber von unserem Hotel. Wir schlürfen unseren Kaffee aus und laufen zu dem Büro.

An der Rezeption des Hotels fragen wir nach der Mietwagenfirma. "Der Kollege ist erst gegen 7.30 Uhr hier. Es könnte auch noch etwas später werden, denn der Verkehr in der City ist manchmal unberechenbar." Nach vier Tagen Panama, wissen wir schon, dass es hier mit der Zeit nicht so ganz genau genommen wird und wir rechnen "es könnte etwas später werden" und den "unberechenbaren Verkehr" zusammen und entschließen uns nicht auf den Kollegen zu warten. Es gibt noch ein anderes Büro der gleichen Autovermietung und dieses befindet sich beim nationalen Flughafen von Panama Stadt, nicht weit von unserem Hotel entfernt. So sind wir kurze Zeit später wieder in unserem Hotelzimmer, packen unsere Rucksäcke, und verabschieden uns an der Rezeption. Mein Rucksack, bei dem die Tragegurte längst keine tragende Rolle mehr hatten, habe ich jetzt gegen einen Seesack getauscht, den wir als Reserve für eventuelle Mitbringsel im Gepäck hatten. Mit den chinesischen, rucksäcklichen Überresten kann sich nun die Putzfrau vergnügen.

Für 5$ fahren wir mit dem Taxi zum Flughafen Albroock. Es ist jetzt 9.30 Uhr, die Sonne gibt schon alles und so langsam sollten wir mal in die Puschen kommen. Ich sitze in der klimatisierten Wartehalle des

Flughafengebäudes, gönne mir einen Kaffee und bewache unser Gepäck. Heli ist unterwegs, an den vielen Schaltern der hier ansässigen Autovermietungen. Nach einer halben Stunde kommt sie zurück und ist etwas genervt. Kein Autovermieter kann mit den Preisen aus dem Internet mithalten. Selbst die Autovermietung aus dem Internet kann uns kein Auto für den Preis ihrer eigenen Internetseite überlassen. Heli schnappt sich unser Tablet, loggt sich ins freie Internet des Flughafens ein und bucht kurzer Hand unser gewünschtes Auto bei "Balboa"Autovermietung im Netz. Mit dieser Buchung machen wir uns nun abermals zu dem dazugehörigen Servicebüro auf und legen diese vor.

Wir haben einen Suzuki Jimmy Allrad, mit Abholung am Flughafen Albrook Panamastadt und Abgabe am Flughafen David im Norden Panamas gebucht. Inklusive aller Versicherungen und unbegrenzter Kilometerleistung, soll uns dieses Auto, laut unserer Internetbuchung, 38$ am Tag kosten. So steht es schwarz auf weiß auf unserem Minicomputer.

Ein dicker, schwarzer Mann, in einem feinen Anzug schaut sich unsere Buchung an. Es ist der selbe Mann, bei dem Heli vor 30min nach einem Auto fragte und bei dem das günstigste Fahrzeug, ein Kia Sportage, 150$ am Tag kosten sollte. Es vergehen einige Minuten in denen der Autovermieter beim Lesen unserer Buchung die verschiedensten Grimassen zieht und immer wieder besorgniserregend seine Stirn runzelt. Dann räuspert sich der dicke Mann wichtig und führt ein Telefonat. Danach erhebt er sich von seinem Drehstuhl und lehnt sich über den weiß furnierten Bürotresen, wobei ich sicherheitshalber meine Schulter als Gegengewicht auf der anderen Seite des

Tresens platziere. "Der Suzuki Jimmy ist leider nicht verfügbar. Sie bekommen jetzt einen Kia Sportage, aber der Preis ist etwas höher." Jetzt hätten wir natürlich auf unseren frischen Vertrag aus dem Internet bestehen können, doch wir sind im Urlaub und wollen uns nicht ärgern. Wir erklären uns also damit einverstanden und akzeptieren den um 13$ teureren Wagen.

Ein paar Minuten später steht unser Auto auch schon vor der Tür. Ein etwas zickiges Fräulein geht mit uns alle Schrammen und Beulchen am Fahrzeug durch und wir bekommen die Schlüssel ausgehändigt. Jetzt kann es endlich losgehen und da das Auto ein Automatikgetriebe besitzt, überlasse ich Heli gerne den Fahrersitz.

Mit dem Auto durch Panama City, auch für uns das erste Mal und ich versuche meine liebe Frau so gut wie möglich durch das Wirrwarr an Schnellstraßen und Autobahnen zu lotsen. Wir passieren unsere erste Mautstelle an der wir 1,20$ bezahlen sollen. Wir reichen einen 5$ Schein ins Schrankenwärterhäuschen. Der Schein wird uns zwar abgenommen, aber Wechselgeld gibt es hier nicht und mit böser Mimik werden wir weiter gewunken, als wir danach fragen. An der nächsten Mautstelle sind wir schlauer und reichen der Kassentante 1,50$ in passendem Kleingeld. Dann kommt die dritte Mautstelle. Hier möchte die Hüterin der Straßenschranke 1,90$. Wir reichen 2 $ aus dem Fenster, doch die Schranke öffnet sich nicht. "Ich darf kein Geld annehmen. Ihr müsst euch eine Mautkarte kaufen." Wir erklären der Schrankenfee, dass wir das erste mal in Panama unterwegs sind und als sich hinter uns langsam ein Stau bildet, geht die Schranke doch hoch und wir dürfen endlich weiter fahren. Die 2$ verbleiben natürlich vollständig im Schrankenhäuschen.

Wir haben die Mautstellen hinter uns gelassen, passieren die Stadtgrenzen von Panama Stadt und rollen gemütlich in Richtung Südosten. Es ist ein sonniger Tag und es herrscht nicht viel Verkehr auf der gut befahrbaren, asphaltierten Straße. Geführt werden wir von unserem neuen Tablet, das mit GPS ausgestattet, ein zuverlässiger Guide ist.

Ein kleiner Snack am Straßenrand hilft gegen den aufkommenden Hunger und ein paar Dosen Bier von der Tankstelle sollten als Marschverpflegung durch den Dschungel reichen. Gegen 12.00Uhr erreichen wir den Abzweig zu den San Blas Inseln. Ein großes Hinweisschild zeigt in Richtung Nationalpark und wir verlassen die glatte Bundesstraße. Eigentlich, denn laut dem schlauen Internet, sollte jetzt das Abenteuer Offroadreisen beginnen, doch wir bewegen uns weiterhin auf gut befahrbarem Asphalt. Wir rechnen jeden Moment mit dem Ende der Teerstraße und fahren so immer tiefer in den Regenwald hinein. Der Blick aus dem Autofenster beschert uns eine fantastische Aussicht über die grünen Baumkronen des panamotanischen Regenwaldes. Immer noch rollen wir auf glatter Straße, die zwar sehr kurvenreich ist aber keineswegs einen Allradantrieb erfordert.

Und dann, nach 2 Fahrstunden, seit dem Verlassen der Bundesstraße und drei Begegnungen mit entgegenkommenden Fahrzeugen stehen wir auch schon am Eingang zum Nationalpark. Ein roter Balken versperrt uns den Weg und ein vermeintlicher Indianer kassiert von uns den Eintritt.

"5$ fürs Auto und 10$ pro Person."

fordert der junge Mann in perfektem Englisch von uns. Ich bin ein bisschen enttäuscht. Der Indianer sieht ganz anders aus, als ich es erwartet habe. Er trägt normale Jeans, T-Shirt und Gummibadeschlappen. Nichts, von wegen rote Striche auf den Wangen, bunte Federn im Haar, Wildledersandalen oder Tomahawk. Und dann spricht der auch noch englisch und nicht indianisch, wie "hau - ich Kassierer - du geben Silberlinge". Wir bezahlen und der Balken wird von zwei anderen Indianern aus dem Weg geräumt.

Nach einer weiteren viertel Stunde sind wir dann am Ziel unserer Fahrt. Durch die überraschend gute Straße waren wir dreimal so schnell wie geplant und der Tag ist noch jung. Die Straße endet direkt am feinen Sandstrand der Karibikküste. Palmen sind nur vereinzelt zu sehen und der Strand wirkt irgendwie kahl. Auf einem kleinen Parkplatz stellen wir unser Auto ab. Nebenan wird Fußball gespielt, wobei das Feld eher an ein Schlammloch erinnert. Direkt am Strand befindet sich ein kleines Restaurant und ein paar Meter entfernt gibt es eine kleine Anlegestelle für Boote. Auf dem Bootsteg, herrscht buntes Treiben. Überall stehen Säcke mit Lebensmitteln und Vorräten. Wir vermuten, dass von hier aus die Indianer auf ihre jeweiligen Inseln schippern, die je nach Größe von einer oder mehreren Familien bewohnt wird.

Zielstrebig laufen wir in Richtung Bootsteg, doch ein paar Meter vorher werden wir von einem Indianer abgefangen. Wieder wird englisch gesprochen und der Versuch mein Spanisch an den Mann zu bringen wird gleich im Keim erstickt. "Wo wollt ihr hin? Wollt ihr auf die Inseln? Ich mache euch einen guten Preis." Wir haben vorher im Internet recherchiert, dass man für einen Tag auf einer der Inseln, inklusive Überfahrt, Verpflegung und Bett ca. 25 Euro bezahlt. Doch dieses rote Schlitzohr hier, will alleine für die Überfahrt mit dem Boot schon 25$ und könnte uns dann den Aufenthalt auf einer der Inseln für 45$ anbieten. Pro Person versteht sich natürlich. Der Apache quatscht uns weiter die Ohren voll. Wir versuchen irgendwie den Indio abzuwimmeln, denn mir geht der Knabe ganz schön auf die Nerven. Ich suche nach Alternativen, doch die scheint es nicht zu geben. Nirgends kann ich jemanden entdecken, der irgendwie den Anschein erweckt, uns helfen zu können.

Ich gebe dem Häuptling zu verstehen, dass er uns in Ruhe lassen soll und wir fragen an dem Bootsteg, ob uns jemand zu den Inseln fahren könne. Doch immer wieder werden wir auf den Indianer verwiesen, von dem wir schon das Supersparangebot bekommen haben. Ich bin sauer und wir überlegen was wir tun.

Wir sollen jetzt also 70$ pro Person auf den Bootsteg legen und bekommen dafür eine 10minütige Bootsfahrt, ein Bett unter Palmenblättern im Sand und indianische Vollverpflegung. Und das alles ohne Strom oder fließend Wasser. Ein neuer Versuch zu verhandeln scheitert, denn der Winnetou Panamas lässt nicht mit sich reden. Uns ist dieser Preis aber einfach zu hoch und am Ende entschließen wir uns an dieser Stelle wieder umzudrehen. Plötzlich scheint der Indio doch verhandlungsbereit zu sein und läuft uns hinterher. Aber jetzt ist der weiße Mann sauer und ich habe bereits mit den San Blas Inseln abgeschlossen. Hau!!!

Wir sitzen also wieder im Auto und haben keinen Plan was wir jetzt machen. Erst mal zurück in

Richtung Panama Stadt. Unterwegs wird uns schon etwas einfallen.

Als wir Panama Stadt erreichen ist es 16.30 Uhr und die Sonne taucht die Skyline von Panama City in ein goldglänzendes Licht.

Wir stecken im Berufsverkehr und passieren wieder mehrere Mautstellen. Unser Kleingeld geht langsam zur Neige und Heli handelt an den Mautstellen immer wieder neue Preise aus. Eine Schranke öffnet sich sogar ohne Bezahlung, wenn man nur lange genug diskutiert und die folgenden Autos wild hupen. Da heißt es die mittelamerikanische Gelassenheit zu bewahren.

Rush Hour in Panama City

Unser Ziel ist es heute noch Panama Stadt in Richtung Norden zu durchqueren und bis zum müde werden die Panamerikana, entlang des Pazifik zu fahren. Raus aus dem Dunstkreis der Großstadt, hinein in das ländliche Panama.

Als wir Panama Stadt endlich hinter uns lassen, ist es bereits 19.00Uhr. Wir überqueren den Panamakanal und die Sonne verschwindet langsam am Horizont. 200km weiter entschließen wir uns nach einer Unterkunft zu suchen. Die Nacht ist dunkel und die Suche nach einem Hotel erweist sich schwieriger als gedacht. Wir halten an einem Supermarkt und kaufen uns etwas zu essen. Auch das Bier ist schon wieder alle und ich brauche etwas Nachschub. Danach bewegen wir uns noch ein Stück in Richtung Norden, bevor wir auf einem kleinen Parkplatz halt machen. Jetzt sitzen wir hier an der Panamerikana, welche übrigens vom Süden Südamerikas bis zum Norden Nordamerikas verläuft und das fast durchgehend, wäre da nicht der sogenannte Tapon de Darien, der die Verbindung zwischen Panama und Kolumbien unmöglich macht. Also, wir sitzen hier auf einem kleinen Parkplatz, essen Brot, Oliven und Käse. Dazu ein eiskaltes Bier und den Lärm vorbeifahrender Lkws. Irgendwie auch idyllisch und kurzer Hand beschließen wir, die heutige Nacht im Auto zu schlafen. Wenn wir die Rückbank umklappen haben wir genug Platz und können bequem nebeneinander liegen. Kurz vorm Einschlafen gesellen sich noch zwei Sattelschlepper zu uns und die Fahrer verschwinden in ihren Schlafkabinen. Dann schlafen wir langsam ein, mit der Gewissheit, dass es hier ganz sicher keine nächtlichen Störungen durch Ratten gibt.

Gute Nacht.

Tag 6 – Entlang der Pazifikküste

Es ist jetzt 6.00 Uhr und die Sonne geht langsam auf. Die Nacht im Auto war nicht die bequemste, aber sie ist geschafft und der neue Tag kann kommen. Wir strecken ein wenig unsere Glieder und nach einer flüchtigen Morgentoilette startet Heli den Wagen. Unsere Fahrt soll heute in Richtung David, entlang der Pazifikküste gehen. Wo wir am Abend landen und ein Bett finden werden, ist noch ungewiss. Unser Ziel ist es, in der Nähe von David zu nächtigen, da wir dort morgen Vormittag das Mietauto wieder abgeben müssen.

Ein heißer Kaffee und ein Sandwich an einer Raststätte sind eine willkommene Stärkung an diesem sonnigen Morgen. Es ist Samstag und nicht viel Verkehr. Wir fahren gemütlich die Küstenstraße entlang, doch hohe Betonklötze versperren uns die Sicht auf die pazifischen Strände. Es sind Hotelanlagen, in denen die Panamaller aus der großen Stadt ihre Ferien und Freizeit verbringen. Nichts für uns, doch die Panamaller stehen anscheinend auf wenig Platz und Hochhäuser.

Je mehr wir uns von der Hauptstadt in Richtung Norden entfernen, je seltener werden die Hochhäuser und die Strände sind leerer und länger. Rechts von uns steigt das satt grüne Hochland von Panama in den Himmel und wir entscheiden uns kurzer Hand für einen kleinen Abstecher in das Hinterland Panamas. Der Blinker leuchtet und wir verlassen die Hauptstraße. Es geht stetig bergauf doch die Straße endet schon bald auf dem Dorfplatz eines kleinen, schmucken Dörfchens. Eine Kirche, eine kleine Schule und ein paar bunte Häuser prägen das Dorfbild. Auch ein Museum über große Felssteine gibt es hier, aber es hat heute am Samstag geschlossen. So bleibt uns leider verborgen, was es in einem Museum für Felssteine zu sehen gibt. Zwei ältere Dorfbewohner sitzen vor der Kirche auf einer Bank und unterhalten sich angeregt. Sie winken uns freundlich zu, als sie uns bemerken, sind aber auch schnell wieder in ihr Gespräch vertieft.

Das Dorf ist eine Sackgasse und wir müssen umdrehen und fahren wieder zurück, von wo wir gekommen sind. Jetzt geht es logischer Weise bergab und immer wieder können wir weit auf den Pazifik schauen. Überall entdecken wir kleine Buchten und Inseln, bis wir schließlich wieder auf der Panamerikana sind und weiter in Richtung Norden fahren.

Es ist jetzt 11.30Uhr und ich halte nach einem Restaurant Ausschau. Heli folgt einem Wegweiser zum Strand und biegt dieses Mal in Richtung Pazifik von unserer Route ab. Überall Kokospalmen und undurchdringliche Mangrovenwälder. Dann das Schild "Restaurant und Bar". Wir stoppen, parken unser Auto und betreten das, zu allen Seiten offene Restaurant. Zwei Billardtische auf der einen Seite und drei rustikale Holztische mit wackeligen Stühlen auf der anderen, bilden die komplette Einrichtung. Der Kellner, welcher auch der Besitzer zu sein scheint, kommt aus dem Holzverschlag, am Rande der mit Wellblech eingedeckten Terrasse. Er schlurft über den spiegelglatten Betonfußboden und begrüßt uns freundlich. Bevor wir zum geschäftlichen Teil übergehen, werden wir gefragt, wo wir herkommen, was wir hier machen, wo wir hin wollen, wie uns Panama gefällt und wie lange wir bleiben wollen. Ich habe Durst, unterbreche geschickt seinen Fragenkatalog mit einem Nieser und bestelle zwei kalte Bier. Schnell stehen diese auf dem Tisch und der Wirt zählt auf, was er uns zum Essen bereiten kann. "Ich hätte da frischen Fisch mit Reissalat oder frischen Fisch mit gemischtem Salat oder Frischen Fisch mit Platano." Platano ist eine Bananenart, die frittiert oder gebraten wird und geschmacklich ein wenig an die Kartoffel erinnert.

Die Entscheidung für den gebratenen Fisch fällt uns leicht, doch bei der Beilage müssen wir ein bisschen überlegen. "Einmal den gebratenen Fisch mit Platano und einmal mit gemischtem Salat."

Wir sind die einzigen Gäste und schauen über Palmenhaine auf eine kleine Bucht. Ein paar Boote schaukeln auf den leichten Wellen, in denen die Sonne glitzert. Fischer flicken am Strand ihre Netze und Kinder spielen mit angeschwemmten Dosen und Plastikflaschen. Dann kommt auch schon unser Essen. Es ist eine große Portion und ich bestelle mir noch ein Döschen Bier. Das Essen ist lecker und als wir fertig gespeist haben, sind unsere Teller blitzeblank. Ein Weilchen genießen wir noch die Ruhe und beobachten das Treiben am Wasser. Dann ist die Rechnung bestellt und mit 10$, für zwei große Portionen Fisch und vier Bier, bin ich total einverstanden.

Gut gelaunt nach dem leckeren Mittagessen sind wir wieder unterwegs auf der Panamerikana und kommen der großen Stadt David immer näher. In Las Lajas, ein paar Kilometer vor David gelegen, wollen wir uns ein Quartier suchen. Es ist noch früh am Nachmittag. Wir fahren durch die ruhigen Straßen des kleinen Städtchens und die Auswahl an Unterkünften ist groß. Überall kann man private Zimmer mieten und viele kleine Hotels locken mit ihren Angeboten. Eine offene Strandbar ruft uns zu einer kurzen Pause und wir nehmen Platz in dem gemütlichen, mit Stroh gedecktem Holzpavillon.

Direkt neben der urigen Bar entdecken wir kleine bunte Bungalows und Heli erkundigt sich nach einem freien Zimmer. Der Barmann zeigt uns darauf hin gleich alle örtlichen Gegebenheiten und bietet uns einen Bungalow für 30$ pro Nacht an. Wir sagen prompt zu und laden unser Gepäck aus dem Auto.

Unser pazifischer Bungalow

Der Pazifik ist nur ein paar Meter von unserem Bungalow entfernt und wir stürzen uns sofort in die Fluten. Das Baden im Pazifik macht Spaß und die hohen Wellen schwappen ordentlich Sand in die Badehose. Dann eine erfrischende Dusche und wir sind wieder fit, um uns die Gegend anzuschauen und einen Strandspaziergang zu machen.

Fast habe ich schon den gierigen Winnetou von gestern vergessen, da wird er mir noch einmal ins Gedächtnis zurück gerufen. Geschätzte einhundert Indianer haben sich, nicht weit von unserem Bungalow am Strand breit gemacht und feiern mit lauter Musik, Fleisch vom Grill und viel Dosenbier anscheinend irgendein Familienfest. Dieses Mal enttäuscht mich die vorherrschende Kleiderordnung nicht, denn bunte Kleider und Trachten erinnern mich schon mehr an die Indianer, die ich mir in meiner Kindheit vorgestellt habe. Auch sprechen diese hier kein englisch sondern, ich weiß es nicht genau, aber ich glaube indianisch.

Wir lassen die Indianer hinter uns und wandern weiter den Strand entlang. Überall herrscht reges Treiben, denn in drei Tagen ist heilig Abend und damit fällt der Startschuss für die Haupturlaubssaison der Panamauber. Es wird geputzt, gebaut und hergerichtet, was das Zeug hält und jeder, noch so zerfallene Holzbungalow wird wieder zusammengenagelt.

Das Laufen im warmen Sand ist anstrengend und irgendwann werden unsere Füße schwer. Bald darauf sind wir wieder bei unserem Gastgeber und suchen uns einen Platz an der Bar. Er erzählt uns, dass es hier ab Übermorgen keine freien Zimmer mehr geben wird und dass es auch am Strand eng werden wird, als ein lautes Knattern unsere Unterhaltung unterbricht. Zwei, ganz in schwarz gekleidete Motorradfahrer betreten die alten Holzdielen der Bar. Beide tragen schusssichere Westen und während der Fahrer nur mit einer Pistole am Gürtel bewaffnet ist, trägt sein Sozius leger ein Maschinengewehr über seiner Schulter.

Unser Freund und Helfer

Die beiden bestellen sich zwei Brause und setzen sich neben uns an den Tresen. Es dauert nicht lange, bis wir uns unterhalten. Sie sind von der Schutzpolizei Panamas und fahren Streife am Strand. Meine Einladung zu einem lecker Bierchen nehmen sie unerwarteter Weise sofort an und schnell füllt sich der Mülleimer mit leeren Dosen. Wir unterhalten uns über Gott und die Welt und die Stimmung ist gut. Jeder darf mal das Maschinengewehr in die Hand nehmen und der Mülleimer droht inzwischen überzulaufen. Zwei Stunden sitzen wir nun schon zusammen an der Bar und plötzlich klingelt das Telefon des Ranghöheren. Sie müssen los. Ihre Schicht ist zu Ende und die Ablösung wartet schon auf das Gewehr und das Motorrad. Wir verabschieden uns von den beiden, die sich dann knatternd und ein bisschen wackelig auf den Weg zu ihrem Revier machen.

Es ist Zeit für das Abendessen. Nach einem saftigen Steak und einem großen Salat, sitzen wir gut satt und ein bisschen angeschwipst im warmen Sand am Strand und genießen die letzten Sonnenstrahlen, bevor die Sonne langsam im Pazifik versinkt. Noch ein letztes kaltes Bier an der Bar und wir bezahlen unsere Rechnung. Der Wirt verspricht uns einen Kaffee für morgen früh, doch seine Bar hat sich inzwischen mit Leuten in Feierlaune gut gefüllt und ich würde für dieses Versprechen auf keinen Fall meine Hand ins Feuer legen.

An unser Bett dringt das laute Zirpen der Grillen und das leise Rauschen der Brandung. Aus der Bar hört man gute Stimmung und so wiegt uns eine interessante Geräuschkulisse sanft in den Schlaf.

Gute Nacht.

Tag 7 – Die Gauner von der Autovermietung

Wie gestern schon vermutet, ist es heute Morgen ruhig in unserer Bungalowsiedlung und an der Bar regt sich nichts. Es gibt also keinen Frühstückskaffee, aber dafür liegt vor unserem Auto eine frische Kokosnuss. Im Fernsehen habe ich oft gesehen, wie einfach solche Nuss zu öffnen ist, doch die Nuss ist widerspenstiger als erwartet. Mit voller Wucht schmettere ich sie auf das taufrische Gras, und mit gleicher Wucht springt sie mir gegen mein Schienbein und garantiert einen blauen Fleck. Beim nächsten Versuch bin ich cleverer und benutze einen dicken Knüppel, den ich mit viel Schwung und Eleganz über den Scheitel der Kokosnuss ziehe. Doch auch diese Methode scheint der Kokosnuss nichts anhaben zu können, denn der Knüppel teilt sich in drei Teile, wovon eines in Richtung Pazifik fliegt, das zweite in meiner Hand bleibt und das dritte erst an meiner Stirn halt macht. Nach einem kurzen Schwindelanfall rappel ich mich wieder auf und entdecke einen spitzen Stein am Strand, wobei ich Heli im Hintergrund noch kichern höre. Dem Stein hat die Kokosnuss nun nichts mehr entgegenzusetzen und öffnet ihre Schale und es gibt frisches Kokoswasser als Kaffeeersatz.

Die Uhr zeigt 6.30 Uhr und bevor wir losfahren, stürzen wir uns noch einmal in die Wellen des Pazifiks. Die Sonne scheint mit voller Kraft und ein wolkenloser Himmel verspricht uns einen schönen Tag. Unsere Reise geht weiter. Um 11.00Uhr müssen wir am Flughafen von David sein und unseren Mietwagen wieder abgeben. Geplant ist es, dann mit dem Bus weiter nach Almirante zu fahren, um von dort aus mit dem Wassertaxi auf die Inselgruppe von Bocas del Torro überzusetzen. Hier haben wir auf der kleinen Insel Carangrenjo schon vor Reiseantritt ein Hotel gebucht. Ein kluger Schritt, wie sich herausstellt, denn es ist Weihnachten und alle Hotels sind nun voll ausgelastet. Und doch gibt es noch ein kleines Problem. Unserer Reservierung gilt ab dem 23.Dezember und heute ist erst der 22.Dezember. Wir wollen aber versuchen trotzdem schon unser Zimmer zu beziehen und wenn das nicht klappen sollte, schlafen wir eben am Strand.

Wir halten an einer Raststätte und holen unseren Kaffee nach. Dazu ein paar Rühreier und gebratene Würstchen und das alles zusammen für 9 Dollar.

Die Straßen sind leer, wir kommen flott voran und an uns ziehen grüne Wälder und saftige Weiden vorüber. Diese sind kurze Zeit später wohl etwas zu flott an uns vorüber gezogen, denn ein Polizist winkt uns an den Straßenrand. Er grüßt uns freundlich und schüttelt mir kräftig die Hand. Wir seien zu schnell gefahren, behauptet der Ordnungshüter, der dabei streng auf sein Radargerät verweist. 80kmh sind erlaubt und Heli lag mit 120kmh nur knapp darüber. 40kmh schneller, das macht 40$ Strafe. Ich mache ihm ein Gegenangebot von 20$ und während ich mich auf eine längere Verhandlung vorbereite, schüttelt er mir wieder freundlich und fest die Hand und besiegelt damit unser Geschäft. Ich drücke ihm die 20$ in die Hand des gesetzes und er verabschiedet sich, wünscht uns eine schöne Reise und steckt den Schein in seine Hosentasche. "Fröhliche Weihnachten" sage ich und der freundliche Uniformierte erscheint in unserem Rückspiegel.

Wir kommen in das Städtchen David und folgen den Wegweisern zum Flughafen. Es ist jetzt 10.00Uhr und pünktlich stehen wir mit unserem Mietwagen am vereinbarten Abgabeort.

Die Klimaanlage läuft auf Hochtouren und es ist saukalt in dem modern eingerichteten Büro der Balboa-Autovermietung. An einem Schreibtisch sitzt eine junge Frau, die sich tatsächlich schon nach ein paar Minuten von ihrer Facebookseite trennen kann und sich unser annimmt. "Wir wollen das Auto abgeben." Heli reicht ihr die Schlüssel und den Papierkram. Ich begutachte währenddessen das junge Fräulein. 1,50m hoch, zierlich, wenig Brust und flacher Po. Sie trägt ein weißes, enges T-Shirt mit weitem, also sehr weitem Ausschnitt und einen blauen kurzen Minirock, also sehr kurzen Minirock und dazu Hakenschuhe für die man bestimmt einen Waffenschein braucht und die dazu noch drei Nummern zu groß sind.

Das Supermodel schaut auf die Papiere. "Das Auto kann ich hier nicht annehmen. Das müssen sie dort abgeben, wo sie es gemietet haben." Heli runzelt die Stirn und blickt fragend in die zwei großen, runden Augen des Fräuleins, bei dem ich eine starke Anspannung im Gesicht bemerke. Ich vermute, dass das von den schweren Wimpern herrührt, die durch künstliche Verlängerung und einen großen Topf Wimperntusche mindesten das dreifache ihres normalen Gewichts haben müssen.

"Warum? Wir haben doch einen Vertrag mit Abholung in Panama Stadt und Abgabe in David." Mit einem aufgesetzten Lächeln drückt das Püppchen ihren rot lackierten Fingernagel an die Stelle, wo der Abgabeort auf dem Papier steht. Da hat uns wohl der dicke schwarze Mitarbeiter der Autovermietung in Panama Stadt einen Streich gespielt, denn dort steht Abgabeort: Panama Albrook. "Und was können wir jetzt machen?" "Sie können das Auto gerne hier lassen, aber das kostet sie 180$ zusätzlich."

Bis jetzt tat mir das Barbypüppchen einfach nur leid, doch irgendwie habe ich nun gar kein Mitleid mehr mit diesem halb verhungerten Garderobenständer. Ich versuche meine Wut unter Kontrolle zu halten und zähle leise bis 8. Ich denke zurück an den bösen, dicken, schwarzen Mann im Büro der Autovermietung in Panama Stadt. Das Schlitzohr hat uns doch tatsächlich einfach übers Ohr gehauen.

Heli zeigt der Bürotussi unsere Buchung im Internet. Doch das interessiert diese nicht. "Im Vertrag steht Panama Stadt als Abgabeort und das ist bindend."

Man hat uns reingelegt und damit es sich auch richtig lohnt, kommt jetzt auch noch der Fuhrparkleiter und behauptet, dass das Auto eine neue Schramme hat. "Das macht dann nochmal 180$. "Wir verlangen nach Jemandem der was zu sagen hat in dem Saftladen. "Die sind alle im Urlaub und erst nach Weihnachten wieder da."

Unsere Urlaubskasse ist durch die im Automaten verbliebene Kreditkarte vor 5Tagen sowieso schon knapp bemessen und die Heinis hier, wollen uns jetzt auch noch einmal ordentlich schröpfen. Insgesamt 480$ für 2 Tage Auto fahren, ein stolzer Preis. Heli und ich sitzen da und überlegen was wir tun. Mir kommt eine Idee. "Was kostet es, wenn ich das Auto noch einen Tag mehr miete?" Die getunte Autoschnalle schaut in ihren Computer. "60$ mehr." "Ok, wir mieten das Auto noch einen Tag ." Heli schaut mich verdutzt an und versteht noch nicht was ich vorhabe.

Die blöde Zicke am Schreibtisch, druckt ein neuen Vertrag aus, auf dem die Mietzeit um einen Tag verlängert ist. Wir schnappen uns die Autoschlüssel und unser Gepäck und steigen wieder in den Wagen.

Wir wollten heute den Pazifik hinter uns lassen und nach Almirante an die Karibik fahren, um dort auf die Inselgruppe von Bocas del Torro überzusetzen. Der Plan bleibt bestehen, doch nehmen wir dafür nicht wie geplant den Bus, sondern das Auto. Scheiß was auf Abgabeort Panama Stadt und angebliche Schramme. Die wollen uns abzocken, das sollen die haben.

Bei Entgegennahme des Mietwagens mussten wir eine Kreditkartenautorisation von 350$ unterschreiben, die die Mietkosten für das Auto und eine eventuelle Selbstbeteiligung im Schadensfall abdeckt. Diese 350$ werden sich die Räuber so oder so holen und aber es sind keine 480$, wie sie eben haben wollten. Also nutzen wir doch noch dieses schöne Auto, fahren damit nach Almirante und vergessen die Autovermietung einfach. Heli freut sich über diese Idee und schnell sind wir wieder auf der Straße.

Die Strecke ist landschaftlich sehr reizvoll. Es geht durch dichten Regenwald der panamalpinen Bergwelt. An einem kleinen Café, direkt an der Straße machen wir einen kurzen Stopp und gönnen uns einen Kaffee aus frisch gerösteten Bohnen des panamaromatischen Hinterlandes.

Die Sonne wechselt sich mit schweren dunklen Regenwolken ab und die Luft ist zum schneiden dick. In 1500m Höhe stecken wir mittendrin in diesen

Regenwolken und die Scheibenwischer kommen zum Einsatz. Ein Geländewagen vor uns, kämpft mit den Anstiegen der Berge und bläst uns schwarzen Rauch auf die Motorhaube. Und dann geht es wieder bergab und nach insgesamt zwei Stunden Fahrtzeit, seit dem Verlassen des Pazifiks sehen wir die Karibikküste von Almirante.

Almirante ist ein kleines verschlafenes Fischerdörfchen und wir drehen eine langsame Runde durch die wenig belebten Straßen. An einem Supermarkt machen wir halt und während sich Heli ein paar kalte Würstchen schmecken lässt, gönne ich mir eine eiskalte Büchse Bier. Wir wollen weiter und nach der Abfahrtsstelle der Boote schauen, von wo aus wir nach Bocas del Torro übersetzen können. Und was machen wir nun mit dem Mietwagen? Natürlich gibt es in diesem verschlafenen Dörfchen keine Autovermietung und kein Büro, wo wir jetzt unser Auto abgeben könnten. Doch wie der Zufall es will, „springt unser Motor plötzlich nicht mehr an". Nanu, ist unser tolles Auto etwa kaputt?

Wir suchen ein Telefon und wählen die Notfallnummer der Autovermietung. Es klingelt eine ganze Weile, doch niemand möchte mit uns kommunizieren, schließlich ist ja Weihnachten. "So ein Mist, was machen wir jetzt bloß?" Ein paar Meter von unserem defekten Fahrzeug, befindet sich das Gebäude der städtischen Feuerwehr. Wir laufen dorthin und wollen mit dem Feuerwehrhauptmann sprechen. Er kommt freundlich auf uns zu und drückt Heli die Hand. "Ich weiß wo du her kommst. Du bist aus Deutschland, weil du nicht lachst." Der hat gut reden, seine Feuerwehr hat der bestimmt nicht von Balboa-Autovermietung gemietet.

Wir erklären ihm unser Problemchen und er freut sich, uns helfen zu können. "Na klar, stellt das Auto hier auf den Hof, wir passen auf, dass damit kein anderer fährt." "Wie auch, es springt ja nicht an."

Unser Gepäck ist ausgeladen, wir schieben das Auto auf den Feuerwehrhof und verabschieden uns vom Feuerwehrhauptmann. Die Autoschlüssel drücken wir ihm auch in die Hand und sagen, dass in den nächsten Tagen jemand von der Autovermietung Balboa vorbei schauen wird, um es abzuholen. "Keine Bange, das Auto ist bei uns in guten Händen."

Das Auto sind wir erst einmal los, auch wenn das nicht unbedingt die übliche Vorgehensweise ist. Jetzt soll sich doch die Autovermietung darum kümmern.

Wir bekommen den Weg zu den Anlegestellen erklärt und nach 10min Fußmarsch, sind diese auch schon erreicht. Das nächste Boot fährt in einer halben Stunde. Wir lösen unsere Tickets, für jeweils 5$ und sitzen wenig später auf einer Bank in der Wartehalle. Ich hole uns an dem kleinen Kiosk zwei kalte Dosen Bier und zufrieden mit der Lösung des Autoproblems, stoßen wir die beiden Büchsen zusammen. "Prost!"Die Häuser von Almirante reichen direkt bis ins Wasser der kleinen Bucht und es ist kein Platz für Strand oder Palmen. Es sind arme Behausungen und doch ist es irgendwie idyllisch hier.Unser Taxiboot ist da und die Passagiere werden aufgerufen einzusteigen. Das Gepäck wird im vorderen Teil der Lancha verstaut und dann geht´s auch schon los. Der Bootsführer holt alles aus seinem Motor heraus und weiße, schäumende Gischt sprudelt aus dem Heck des Bootes. Wir passieren mehrere kleinere Inseln und nach gut 10 Minuten kommen wir an der Isla Colon an. Es ist eine schmucke Insel, mit belebten Straßen und mit vielen wunderschönen bunten Holzhäusern. Die Insel lebt vom und für den Tourismus und viele Hotels und Restaurants kümmern sich um das Wohl der zahlreichen Besucher, die auf der Inselgruppe Bocas del Torro jährlich ihren Urlaub verbringen.Immer noch offen ist die Frage, wo wir heute Nacht schlafen werden. Bevor wir zu unserem Hotel fahren, welches uns eigentlich erst morgen erwartet, wollen wir hier auf der Insel Colon gucken, ob es vielleicht noch irgendwo ein freies Zimmer gibt. Heli setzt ihren Rucksack ab und stellt ihn mir vor die Füße. "Du wartest hier und ich laufe mal die Straße runter und checke die Lage. Da drüben gibt's übrigens Bier, damit du mir nicht verdurstest." Und dann ist sie auch schon weg. Das mit dem Bier lasse ich mir nicht zweimal sagen und mache es mir auf der Bordsteinkante bequem. Auf der anderen Straßenseite beobachte ich einen alten Mann, der einen großen Sack mit leeren Bierdosen auspackt. Jeweils vier Büchsen stellt er nun zu einem Quadrat auf, was mich ins grübeln bringt. Was hat der alte Mann wohl vor? Den ersten vier Büchsen folgen weitere vier und noch mal vier und nochmal vier und nochmal vier, bis eine lange Reihe von mehreren Büchsenvierecken im Abstand von ca.10cm aufgestellt ist. Der alte Mann setzt sich ebenfalls auf die Bordsteinkante der mir gegenüberliegenden Straßenseite, zündet sich einen Zigarrenstummel an und bestaunt sein Werk."Der hat doch nicht alle Büchsen im Schrank." Und wie ich noch überlege, ob der vielleicht zur Stadtreinigung gehört und Müll sortieren falsch verstanden hat, schnipst der Mann die Zigarre weg und öffnet einen zweite großen Sack. Mit Spannung sehe ich, wie er aus dem Sack einen schweren Betonstein holt. Damit stellt er sich nun an den Anfang seiner Dosenkette. Als er den

Betonstein anhebt, erahne ich, was er vor hat. In diesem Moment klatscht der Beton auch schon auf das erste Dosenquadrat und lässt die überschüssige Luft aus dem Blech. "Toll!" Ich bin begeistert von der panamatschen Blechpresse. Ein letzter Schluck und auch meine leere Büchse hat sich schnell in die Blechformation eingereiht.

Panamatsche Blechpresse

Heli ist wieder bei mir. Ich erkläre ihr die tolle Technik auf der anderen Straßenseite, doch sie hört mir irgendwie nicht richtig zu. "Keine Zimmer mehr. Auf der ganzen Insel. Lass es uns beim gebuchten Hotel von morgen versuchen." Zwischen den einzelnen Inseln von Bocas del Torro fahren Wassertaxis für einen Dollar hin und her. Wir suchen uns einen Bootsteg und nach einer Minute sitzen wir auch schon in einem dieser Taxiboote. Wir steuern die kleine Insel Carangrejo an. Die ersten Bungalows der kleinen Hotelanlage befinden sich direkt am Bootsanlegeplatz und sind schon von Weitem zu sehen. Als wir anlegen, werden wir freundlich von der Hotelchefin persönlich begrüßt.

Unser Landungssteg unseres Hotels

Als sie unsere Namen erfährt, weiß sie uns auch gleich einzuordnen und selbstverständlich können wir unser Zimmer schon heute beziehen. Mein erster Rundumblick lässt Urlaubsstimmung aufkommen und ich freue mich hier zu sein. Die Chefin des Hauses führt uns durch die kleine Anlage zu unserem Bungalow. Sie ist Amerikanerin und redet englisch mit uns. Ich unterhalte mich prächtig mit ihr, doch bekomme ich bald Redeverbot von Heli, da mein englisch wohl nicht für jeden so verständlich ist, wie ich annehme.

Dann stehen wir vor unserem Häuschen. Wir haben ein Schlafzimmer mit Dusche und einen kleinen Balkon davor. Es ist gemütlich eingerichtet und versprüht karibisches Flair. Ich vergesse endlich die blöde Autovermietung und setze mich in den Schaukelstuhl vor unseren Bungalow.

Die Sonne geht langsam unter und wir laufen zum Hotelrestaurant. Dieses hat eine wunderschöne Terrasse direkt über dem Wasser. Bei einem Glas Wein und einem lecker Bierchen genießen wir den Sonnenuntergang.

Wir lassen den Tag noch einmal an uns vorüber ziehen und müssen schmunzeln. Morgen werden wir eine Mail an die Autovermietung schreiben und ihr mitteilen, wo ihr Auto steht. Ich bin gespannt, wie diese Geschichte ausgeht.

Weihnachten steht vor der Tür und über die Feiertage bleiben wir nun hier. Es ist das erste Mal in diesem Urlaub, dass wir unsere Koffer für länger stehen lassen. Ich freue mich schon aufs Frühstück. Die Grillen und Frösche singen ihr Schlaflied und wir verschwinden in die Betten.

Gute Nacht!

Tag 8 – Reif für die Insel

Es ist der 23.Dezember. Wie jeder wohl weiß, einen Tag vor heilig Abend. Die nächsten Tage wollen wir ruhig angehen und mal richtig faul sein. Die Voraussetzungen sind gut dafür. Es ist Weihnachten, wir wohnen in einem kleinen Hotel auf einer fast genauso kleinen Insel und wir haben ein Bett für drei Tage sicher. Das Frühstück gibt es ab 8.30Uhr an der Hotelbar.

Es regnet und wir werden durch dicke Wassertropfen, die auf unser Blechdach trommeln geweckt. Es ist 6.30 Uhr und es gibt eigentlich noch keinen Grund aufzustehen. Trotzdem sitzen wir um 7.00Uhr auf unserem kleinen Balkon und schauen auf den tropischen Garten der Hotelanlage. Wir haben Sonne bestellt und hoffen, dass sich die dicken Wolken noch verziehen werden. Heli guckt auf unser Tablet, ob wir eine Verbindung zum Internet bekommen, doch das W-LAN des Hotels reicht nicht bis zu unserem Bungalow. Irgendwie müssen wir heute die Autovermietung informieren, dass ihr Auto auf der Feuerwache in Almirante steht.

Wir klettern in die Badeschlappen und laufen durch den Regen zum Hotelrestaurant. Wie wir es jetzt nach acht Tagen Urlaub schon von den Panamüden kennen, ist hier alles noch ruhig und die Fensterläden der Hotelküche sind geschlossen. Als Frühaufsteher haben wir schlechte Karten in Panama, wenn wir unser Frühstück auch früh genießen möchten. Doch hier im Restaurant ist wenigstens das W-Lan schon wach und Heli kann sich ins Internet einloggen. Die Pflichtmail an die Autoabzocker ist schnell abgeschickt und die Autovermietung kann vorerst abgeheftet werden.

An Frühstück ist immer noch nicht zu denken. Der Regen hat nachgelassen und wir vertreiben uns die Zeit und spazieren die schmalen Wege des Hotelgartens entlang. Am Wasser liegen Kajaks, die für die Gäste kostenfrei zur Verfügung stehen. Dann können wir ja später nochmal trainieren, nachdem ich im Dschungel Heli mit meinem Paddel fast erschlagen habe.

Ein kleiner Steg führt uns übers Wasser und danach wieder zum Hotelrestaurant. Im kristallklaren Wasser entdecken wir mehrere Seesterne und meine Vermutung, dass man die für die Touristen hier hingelegt hat, bestätigt sich nicht. Denn nach ein paar Minuten haben die Stachelhäuter ihren Liegeplatz schon wieder gewechselt.

Kaffeeduft dringt an meine Nase. Endlich, es gibt Frühstück. Noch sind wir die einzigen Frühstücksgäste und das Frühstücksbuffet ist typisch amerikanisch. Rühreier,Speck, gebratene Würstchen und Eierkuchen.

Wir frühstücken lange und ausgiebig. Die Frühstücksterrasse füllt sich einmal und leert sich nach einer Weile wieder und wir bekommen so fast alle Hotelgäste einmal zu Gesicht.

Die Sonne hat unsere Bitte erhört und die Wolken beiseite geschoben. Es ist Zeit für eine Inselerkundung und laut der Karte an der Rezeption führt ein Weg einmal um die ganze Insel.

Wir machen uns also auf und verlassen unsere Hotelanlage, die nur durch eine kleine Hecke optisch vom Inseldorf getrennt ist. Es gibt keine Autos oder Mopeds hier und somit auch keine Straßen. Die Häuser des Dorfes sind nur durch schmale Wege miteinander verbunden. Vor den Hütten liegt der Müll, den die Zivilisation mit sich bringt und Plastikflaschen und Wegwerfwindeln trüben die karibische Idylle. Die Insel nennt sich Carangrejo, was Krabbe übersetzt heißt und schnell wissen wir auch warum. Überall sieht man kleine und große Exemplare der Krustentiere, am Rande ihrer Erdlöcher sitzen und sich die Scheren in der Sonne bräunen.

Ein kleiner Supermarkt bietet das Notdürftigste an Lebensmitteln und Getränken. Weihnachten steht vor der Tür und so ist der Andrang heute Vormittag groß. Wir laufen weiter, immer direkt am Wasser entlang. Unser Weg führt uns vorbei an hölzerne Fischerhütten. Dazwischen eine Strandbar, ein kleines Hostel oder ein Restaurant. Es wird Zeit für eine kleine Erfrischung und wir suchen uns Platz in einer gemütlichen Strandpinte direkt am Meer. Wir schauen über die seichten Wellen auf die gegenüberliegende Insel Colon. Ein lecker Bierchen und ein Caipirinha ist jetzt genau die richtige Erfrischung. Die Preise sind human für ein Touristendorf und während ich 1,50$ für ein Bier und 4$ für ein Caipi zahle, bekomme ich in der "Happy Hour" sogar das Gleiche für nur einen bzw. zwei Dollar.

Einfach mal Urlaub

Wir wandern weiter und die Bebauung wird weniger, bis nur noch Strand und Palmen zu sehen sind. Draußen in der Brandung beschäftigen sich Wellenreiter mir den Kräften der Natur. Die Hälfte der Insel haben wir inzwischen umrundet und weit und breit ist hier niemand zu sehen. Auf dieser Seite des Eilandes schaut man auf die offene Karibik und wunderschöne kleine Buchten laden zum baden ein. Das Wasser ist angenehm warm und wir tauchen ein, in die karibischen Wellen. Ich ärgere mich, dass wir uns nicht ein bisschen Marschverpflegung mitgenommen haben, denn hier könnte man es bequem einen Tag aushalten. Doch der Hunger ist stärker und meldet sich. Also schlüpfen wir wieder in unsere Klamotten und ziehen weiter.

Auf dem Rundgang

Der Weg ist nicht mehr als solcher zu erkennen und unser Spaziergang wird zur Klettertour durch dichten Dschungel und sumpfigen Mangrovenwald. Dabei zwickt mir immer wieder der Sand in der Badehose in die Pobacken. Das Zwicken hört nicht auf und wird langsam lästig. Ich will der Sache auf den Grund gehen greife mit einer Hand in meine Bermudashorts. Da ist nichts und das kneifende Sandkorn ist nicht zu lokalisieren. Beim Griff in meine hintere Hosentasche geht mir ein Licht auf. Der Zimmerschlüssel hat sich in der Tasche verhakt und kneift mir nun in den Arsch. Irgendwie bekomme ich den vermeintlichen Zimmerschlüssel zu greifen und hole ihn aus der Tasche. Jetzt kneift mir der Zimmerschlüssel auch noch in den Finger und das tut schon mehr weh als das Knabbern am Hintern. Kein Wunder, denn an meinem Mittelfinger hängt eine faustgroße Krabbe. Das Luder muss sich wohl in meine Tasche geschlichen haben, als wir ahnungslos in den karibischen Wellen schaukelten. Natürlich erschrecke ich mich und ich glaube auch die Krabbe erschreckt sich, als ich sie mit einem kurzen Aufschrei abschüttele.

Der Schreck hat sich gerade gelegt, da bricht plötzlich ein langer, schlaksiger Kerl aus dem dichten Mangrovenwald. Er faselt irgendetwas in einer uns unbekannten Sprache. Wir schauen ihn fragend an und dann spricht er auf einmal deutsch. "Hört ihr? Die Weichtiere rufen sich. Es ist Zeit für das Licht. Eine Menge Zwerge sind die Zeichen." Ich frage mich, ob der vielleicht auch von einer Krabbe gebissen wurde oder ob er einfach was falsches geraucht hat. Wir finden keinen Sinn in seinen Worten, doch ich gebe ihm ein verständnisvolles "ja, ja". Und so plötzlich, wie er erschienen ist, ist er auch schon wieder verschwunden. "Was oder wer war das?" Wir haben bis heute keine Ahnung.

Die Insel ist fast umrundet und der Weg wird wieder besser. Schmucke Strandvillen stehen hier in tropischen Gärten und bald danach erreichen wir unser Hotel.

Ein kleines Nickerchen ist jetzt genau das Richtige. Unser Hotelrestaurant bleibt heute wegen Feiertagsvorbereitungen geschlossen. Also machen wir uns, nach der verdienten Mittagsruhe ein wenig stadtfein und gehen abermals ins Dorf. Dieses mal sitzen wir zur richtige Zeit in der kleinen Strandbar, denn es ist "Happy Hour".

Die Zeit vergeht schnell und schwips, ist es Abend. Die Sonne hat sich verabschiedet und unser heutiger Ausflug hat uns müde gemacht. Oder vielleicht war es auch die "Happy Hour", wer weiß? Der kleine

Supermarkt will gerade schließen, doch wir dürfen uns schnell noch ein paar Leckereien in den Korb packen. Eine Flasche Wein, ein paar Oliven, ein Stück Käse, etwas Brot und eine Büchse Thunfisch liegen kurze Zeit später bei uns in der Einkaufstüte.

Auf unserem kleinen Balkon begann der heutige Tag und hier lassen wir ihn auch ausklingen und machen es uns bei einem Gläschen Wein und unseren Leckereien gemütlich. Die Grillen geben ihr Nachtkonzert und einen ganz kurzen Moment muss ich an die blöde Schnepfe von der Autovermietung denken, bevor ich mit einem leisen Lächeln in meinem Kopfkissen versinke.

Gute Nacht

Tag 9 – Heiliger Abend in Panama

Heli hatte eine unruhige Nacht. Sie macht sich Sorgen, dass die Räuber von der Autovermietung mehr Geld von der Kreditkarte abbuchen, als ihnen zusteht. Sie haben zwar nur eine Autorisation über 350$, doch unterschrieben haben wir einen Blankovouger. "Dann lass uns die zweite Kreditkarte doch auch noch sperren." Heli überlegt einen Moment. "Das machen wir, doch vorher müssen wir damit noch Geld holen, um den restlichen Urlaub nicht zu verhungern."

Jetzt ist es 8.30Uhr und endlich gibt es Frühstück. Ich kann mich einfach nicht an so späte Frühstückszeiten gewöhnen und mein Magen macht es sich schon auf meinen Badeschlappen bequem. Doch es ist ein fantastischer Morgen am heutigen heiligen Abend mit angenehmen 25°C und Sonnenschein. Wir sitzen am Frühstückstisch und ich habe meinen Teller voll gepackt. Die ersten Eier sind schnell im Bauch und wir planen unseren Tag. Heute geht's auf die Hauptinsel Colon. Wir wollen uns die Stadt angucken, schauen wie die Panamänner Weihnachten feiern und einen Geldautomaten suchen. Doch bevor wir uns auf den Weg machen, will Heli noch ins Internet und schon mal nach einer Bleibe für die kommende Woche suchen. Zwei Tage haben wir hier noch unser Bett, doch dann werden wir weiter ziehen. Wohin, das wissen wir wieder mal nicht. Sie ist am recherchieren und ich gucke in die frische klare Morgenluft. Die Hotelchefin hat für heute ein paar Handwerker bestellt, die das Restaurant und die Seeterrasse für das bevorstehende Weihnachtsfest herrichten sollen. Sie bekommen alle ihre Aufgaben zugeteilt und mit Interesse verfolge ich ihre Arbeit. Die Elektroinstallation muss aufgepeppt werden und die Lichterketten angebracht. Einer der Arbeiter hat sich mit Pinsel und Farbe bewaffnet. Er macht sich daran die Bretter der Terrasse zu streichen und hat nun meine volle Aufmerksamkeit. Er bückt sich nach vorne und nach zwei Pinselstrichen richtet er sich wieder auf. Es folgt ein angestrengter Rundumblick in die nähere Umgebung. Dabei bleibt er ständig in Bewegung. Einen Schritt vor und zwei zurück. So bemerkt man fast gar nicht, dass er eigentlich gerade überhaupt nichts macht. Durch den Doppelschritt zurück ist er nun zu weit von der Arbeit entfernt und tastet sich langsam wieder an die Gefahrenzone Arbeit heran. Seine Fußspitzen stehen nun auf der frischen Farbe und er muss gezwungener Maßen seine Schrittfolge nochmals wiederholen. Ich bin fasziniert von der Kreativität dieses Panamalers. Wie er aus einfachem Bretter streichen eine komplizierte Abfolge von Arbeitsschritten macht, die unbedingt eines qualifizierten Fachmannes bedürfen. Seine Arbeit hat mich so hypnotisiert und ich bemerke gar nicht, dass der Pinselkönig plötzlich verschwunden ist.

Es ist inzwischen 11.00Uhr und Heli surft immer noch durch die unendlichen Weiten des Internet. Der ganze Stress hier ist mir zu viel und ich nicke ein wenig ein. Kurze Zeit später werde ich aber schon wieder aus meinen Träumen gerissen, als der Maler an mir vorbei saust und mit seiner Farbdose an meiner Stuhllehne hängen bleibt, um danach wieder seiner Arbeit nachzugehen.

Ich denke, dass es für mich an der Zeit ist, ein erstes Weihnachtsbier zu bestellen. Die Bedienung eilt schnell herbei, wobei schnell wohl nicht der richtige Ausdruck ist. Es kommt mir so vor, als ob die liebe Weihnachtsfee durch die frische Farbe gelaufen ist und nun mit den Schuhsohlen am Boden kleben bleibt. Vielleicht liegt es aber auch nur an ihrem leichten Übergewicht, dass sie nicht schneller vorwärts kommt. Hier im Hotel ist den ganzen Tag bis 18.00Uhr Happy Hour und eine Büchse Bier kostet nur einen Dollar. Das Bier ist dann auch schneller da und wieder weg, als erwartet und aus einem werden schnell drei.

Heli hat endlich einen Plan. "Wir ruhen uns jetzt noch zwei Tage hier aus und dann gehen wir nach Costa Rica. Was hältst du davon?" Hört sich gut an und natürlich bin ich dabei. Eine günstige Unterkunft hat sie auch schon gefunden und für ein paar Tage reserviert.

Es ist Mittagszeit. Die Handwerker haben, nach einem anstrengenden Arbeitstag Feierabend gemacht und auch wir gehen auf unser Zimmer. Eine Dusche und ein bisschen Deo und schon sind wir für unseren Ausflug auf die Nachbarinsel saniert.

Ein Boot bringt uns auf die Insel Colon welche in Sichtweite liegt. Überall zwischen den, bis ins Wasser gebauten Holzhäusern, gibt es kleine Anlegestellen für die Wassertaxis und beim ersten Stopp balancieren wir aus unserem Boot.

Wir brauchen einen Geldautomaten und gehen auf die Suche. Ein paar Häuserecken weiter, haben wir Erfolg und ziehen ein letztes Mal von unserer Kreditkarte Geld. So, das muss nun reichen bis zum Schluß. Wir suchen uns ein gemütliches Restaurant und bestellen uns etwas zu essen. Das Restaurant ist mit Wi-Fi ausgestattet und Heli lockt sich ins Internet.

Schnell eine Mail an die Bank und unsere letzte Kreditkarte ist auch gesperrt. Für den Notfall haben wir jetzt nur noch eine Bankkarte, welche in Panama nicht funktioniert, aber vielleicht in Costa Rica. Wenn nicht, müssen wir eben für den Rest des Urlaubes mit dem auskommen, was wir in der Tasche haben.

Egal, jetzt ist Weihnachten und wir genießen unseren Urlaub. Das Mittagessen wird serviert und es gibt knusprige Hähnchenkeule mit Reis. Dazu ein Bier vom Fass, was ich in Panama zum ersten mal bekomme. Es ist eben Weihnachten.

Panamaisches Haus zu Weihnachten

Nach dem Essen bummeln wir durch die Straßen von Colon. Es ist ein schönes Städtchen und auffallend sind die vielen hübschen, bunt bemalten Holzhäuser. In den Kneipen und Hostels der Insel wird Weihnachten gefeiert. Überall Happy Hour, laute Musik und vorwiegend junge, trinkfreudige Gäste. Ein Eis, ein Stopp an einer kleinen Bar und dann schlendern wir gemütlich durch die Geschäfte, bis wir genug gesehen haben. Am späten Nachmittag ist alles erledigt und wir sind k.o.. Wir verlassen die Insel Colon in Richtung unseres Hotels und eine Lancha bringt uns zurück zu unserem Anlegesteg.

Es ist Heiliger Abend in Panama, aber was stellen wir heute noch an? Wir machen uns weihnachtsfein und laufen zum Hotelrestaurant. Es ist nicht viel los hier und schnell haben wir ein schönes Plätzchen mit Meerblick. Leise dudelt das Radio doch das "Jingle bells" passt irgendwie nicht in diese Kulisse. Wir essen einen frischen Salat und schauen aufs Meer.

Keine Geschenke, kein Weihnachtsmann und kein Glockenläuten. Und doch ist uns ein bisschen weihnachtlich, bloß irgendwie anders. Es ist ein besinnlicher heiliger Abend und geht ohne Umwege und Auffälligkeiten in die heilige Nacht über.

Wir liegen schon eine Weile in unseren Betten und schlafen. Dann wird die heilige Nacht noch einmal interessant. Unser Holzbungalow ist ein Doppelbungalow und wie sich herausstellt, sehr hellhörig. Bis zu diesem Zeitpunkt haben wir von unseren Nachbarn noch nichts mitbekommen, doch in dieser heiligen Nacht weckt uns ein leises, gleichmäßiges Klopfen. Irgendwann wird dieses schneller und lauter. Dazu das lustvolle Stöhnen einer Frau. Die Wände wackeln und wir lauschen dem kostenlosen Hörspiel, das in einem fantastischen Höhepunkt ein abruptes Ende findet.

Die heilige Nacht auf Bocas del Torro in Panama - es wurde eine lange Nacht.

Tag 10 – Fröhliche Weihnachten

Der heutige Tag steht im Zeichen des Nichtstuns. Frühstück und dann eine kleine Kajaktour zu einer der Nachbarinseln. Auf der Hälfte der Strecke überkommt mich die Seekrankheit. Doch ich halte durch und paddel bis zum bitteren Ende mit.

Auf der Kajaktour

Der Muskelkater ist vorprogrammiert und nachdem Heli und ich unsere Paddeltour zu Ende gebracht haben, bereiten wir uns am Mittag auf das angekündigte große Weihnachtsbuffet im Hotel vor. 20$ pro Person kostet uns der unlimitierte Weihnachtsschmaus mit Truthahn und Meeresfrüchten. Das Essen ist super lecker und dann sind wir einfach nur satt und faul. Wir gammeln am Strand, schlürfen Bloody Mary und schnell neigt sich der Tag dem Ende. Weihnachten wäre geschafft und ich stelle fest, dass auch solche Tage anstrengend sein können und so liegen wir frühzeitig in den Federn. Morgen geht unsere Reise weiter und wir wollen ausgeruht sein für das Abenteuer Costa Rica.

Gute Nacht.

Tag 11 – Hola Costa Rica

Wir sind früh auf den Beinen. Das Frühstück lassen wir heute ausfallen und checken aus dem Hotel aus. Es ist 6.00 Uhr und wie gewohnt ist an der Rezeption um diese Zeit niemand anzutreffen. Unsere Rechnung ist bezahlt und wir legen die Zimmerschlüssel auf die Bar. Die gerufene Lancha ist schnell vor Ort und wir setzen zur Insel Colon über, von wo aus die Überfahrt zurück nach Almirante startet. Von 6.00 Uhr morgens bis 6.00 Uhr Abends gibt es einen Bootshuttleservice von Colon nach Almirante und zurück. 5$ pro Person kostet dieser und nach insgesamt 30 min sind wir wieder in dem Örtchen, wo uns vor kurzem unser Mietwagen „im Stich" ließ.

Ein kleiner Fußmarsch von 5 min und der Busbahnhof von Almirante ist in Sicht. Ein Transport in Richtung Costa Ricanische Grenze nach Changiunola steht schon bereit und für 1,45$ dürfen wir in dem Bus Platz nehmen, welcher die preiswerte Alternative zum Taxi ist, das für die gleiche Fahrt 15$ abkassiert. Der Fahrer schließt die Türen und ein letztes Mal rumpeln wir durch Panama. Es geht vorbei an riesigen Bananenplantagen, die sich mit tropischem Regenwald abwechseln. Grün ist die bestimmende Farbe und wir passieren gerade ein kleines, schmuckes Dörfchen, als wir von der Polizei gestoppt werden. Heli ist nicht ganz wohl dabei und sie wird etwas blass. Wird sie vielleicht schon von der Polizei gesucht? Schließlich hat sie unseren Mietwagen vor ein paar Tagen am Ende der Welt einfach stehen gelassen. Der freundliche Uniformierte schreitet durch den Bus und schaut dabei nur flüchtig in alle Pässe der Buspassagiere. Kurz danach gibt er auch schon wieder grünes Licht zur Weiterfahrt.

Nach genau einer Stunde sind wir in Changiunola, der Grenzstadt Panamas zu Costa Rica und steigen am Busbahnhof aus. Hier pulsiert das Leben und es geht typisch panamektisch und chaotisch zu. Heli sucht uns einen Bus, der direkt bis an die Grenze fährt. Beim Schaffner lösen wir für einen Dollar unser Ticket und nach nur 10 Minuten setzt sich unser Gefährt auch schon in Bewegung. Um 9.00 Uhr stehen wir dann an der Grenze von Panama nach Costa Rica. Bis hier her ging alles zügig und problemlos. Wir folgen dem Strom der Menschen und an einem kleinen Kontrollposten werden unsere Namen in einer Liste notiert und man verlangt von uns 5$. Wofür diese sind, wissen wir nicht, aber wir bezahlen ohne Protest. "Jetzt müsst ihr euch dort drüben anstellen. Eine Schlange ist für die Einreise und die andere für die Ausreise." Der nette Zöllner zeigt mit seinem Finger auf einen Haufen Menschen. Sie stehen alle an der Passkontrolle und wir erkundigen uns, wo wir uns für den Ausreisestempel anstellen müssen. Natürlich ist dies die längere der beiden Schlangen, welche dazu noch aus mehreren Reihen besteht. Das kann dauern und Rucksack wie auch Seesack landen im warmen Sand. Es geht langsam vorwärts, sehr langsam. Zentimeter um Zentimeter rutschen meine Badeschlappen in Richtung Schalter der Passkontrolle. 2,5 Stunden warten wir nun schon auf unseren Ausreisestempel und mit uns noch viele andere Ausreisende. Die Leute sind gereizt. Es herrscht ein völliges Durcheinander und ein Zöllner versucht Ordnung in die unsortierten Reihen zu bringen. Immer wieder gibt es kleinere Rangeleien und Schubsereien, als ginge es hier um Autogrammkarten von Don Parakay. Dann sind wir endlich an dem kleinen Guckloch der panamamten Zöllnerin und schieben unsere Pässe zu ihr. Ich höre Helis Herz schlagen und spüre ihre Puls rasen. Immer noch macht ihr die Autovermietung Kopfschmerzen. Haben die uns vielleicht angezeigt? Werden wir schon von Interpol gesucht? Hat man schon einen Haftbefehl für uns ausgestellt? "Gute Reise." Die mollige Zollbeamtin lächelt uns freundlich an und reicht uns unsere Pässe. Ich höre es laut krachen, als Heli die Last von den Schultern fällt. Wir können weiter, als freie Bürger. Punkt um 12.00 Uhr laufen wir über die alte, baufällige Grenzbrücke von Panama nach Costa Rica.

Die abenteuerliche Grenzbrücke

Die 5$ von vorhin sind bestimmt für die längst überfällige Restauration dieses Reliktes gedacht und mit Bedacht balancieren wir über die wackeligen Balken.

Ich blicke noch einmal zurück. Das war also Panama. Landschaftlich wunderschön, mit tollen Stränden und einem fantastischen Hinterland. Das Klima ist herrlich. Viel Sonne und Temperaturen um 28°C bieten beste Voraussetzungen für einen entspannten Badeurlaub. Schnell reist man von der Karibik an den Pazifik und zurück. Der Panamakanal ist ein Muss und die Fahrt mit der Bahn entlang des Kanals empfehlenswert. Die San Blas Inseln waren für uns eine Enttäuschung, doch die Erlebnisse auf dem Hausboot bei Kapitän Karl ein absoluter Höhepunkt. Die Hauptstadt Panamas ist sehenswert und interessant. Unterkünfte gibt es in Panama für jeden Geldbeutel, wobei man bei den billigen Hostels nicht all zu viel erwarten sollte. Mit dem Bus kommt man in alle Teile des Landes und wählt man die bequemere und mobilere Alternative eines Mietwagens, sollte man diesen schon im Vorfeld des Urlaubes buchen. Ein mit GPS ausgestattetes Gerät ist eine tolle Hilfe bei der Orientierung in Panama und besser als jede Landkarte. Kreditkarten werden vieler Orts akzeptiert, wobei man sie besser nicht im Automaten vergessen sollte. Ein paar Dollar in bar gehören auch immer mit in die Shorts.

„Macht´s gut ihr lieben Panamaer.“

Am Ende der Brücke steht uns wieder die Passkontrolle im Wege. Wir brauchen unseren Einreisestempel und darauf warten wir dieses mal nur 15 min. Ein Schild am Straßenrand heißt uns herzlich Willkommen in Costa Rica.

Es ist komisch, da überqueren wir nur eine Brücke und sind in einem anderen Land. Und obwohl in Costa Rica ebenfalls spanisch gesprochen wird, das gleiche Klima herrscht und die gleiche Sonne scheint, spüre ich, dass es hier anders ist, als in Panama. Es wirkt auf den ersten Blick sauberer, geordneter und irgendwie freundlicher. Außerdem bekommen wir durch die Zeitverschiebung eine Stunde gutgeschrieben und dieses Mal achte ich darauf, dass Heli ihre Uhr um eine Stunde zurück stellt.

Wir fragen uns zum Busbahnhof durch, der nur ein paar Gehminuten vom Grenzkontrollpunkt entfernt ist. Es sind keine weiteren Gäste in der mit einem Blechdach versehenen Wartehalle. Nach dem stundenlangen Anstehen endlich sitzen und mir ist es egal, dass hier nur nackte Plastikbänke stehen.

Mit etwas Glück, ist unser Bett heute, in einem kleinen Hostel auf einer Kakaoplantage aufgestellt. Dorthin hat Heli vor zwei Tagen unsere Reservierung geschickt, aber bis jetzt noch keine Buchungsbestätigung oder Antwort erhalten.

Unser Bus ist abfahrbereit und wir folgen der Aufforderung einzusteigen. Das GPS ist eingeschaltet und wir können unsere Fahrt auf dem Bildschirm mitverfolgen. Ich schätze wir brauchen knapp zwei Stunden bis zum Ziel, lehne mich in den bequemen Sitz und schaue aus dem Fenster. Kleine Dörfer wechseln sich mit Bananenplantagen und üppig grüner Vegetation ab. Mir fällt auf, dass selten Müll am Straßenrand liegt, wie ich es von Panama her kenne. Die grünen Vorgärten in den Siedlungen sind gepflegt und blühen in vielen Farben.

Nach einer Weile blinzelt wieder die Karibik durch das dichte Grün am Straßenrand. Es geht immer entlang der Küste und unzähligen Kokospalmen. "Hier müssen wir raus!" Heli greift hektisch nach ihrem Gepäck und ich folge ihr. Ich ziehe die Reißleine an der Decke des Busses, die wiederum eine Klingel einschaltet, welche dem Busfahrer signalisiert, dass wir aussteigen wollen.

Weit und breit ist niemand zu sehen. Der Asphalt flimmert in der warmen Nachmittagssonne. In nur 50m Entfernung schwemmt die Brandung der Karibik unentwegt ihre Gischt an den endlos scheinenden Sandstrand. Auf der anderen Fahrbahnseite der Küstenstraße biegt ein kleiner Weg in den dichten Regenwald ab. "Da müssen wir lang. Glaube ich." Heli zieht mir am Ärmel und ich hänge mir meinen Seesack über die Schulter. "500m, steht in der Beschreibung und dann rechts, da muss es sein."

Meine Gummischlappen haben in diesem Urlaub schon einiges mitgemacht. Eigentlich ein Wunder, dass da immer noch Gummi unter meinen Fußsohlen klebt, aber warum soll man mit Made in China nicht auch mal weiter kommen.

Ein Mountainbike rollt auf uns zu. Neben ihm läuft ein Hund der uns schwanzwedelnd begrüßt. "Seid ihr Heli und Kay?" Es ist unser Gastgeber, der vor uns steht und eigentlich wollte er gerade mit seinem Hund im Meer baden gehen. "Na dann kommt mal mit, ich zeige euch euer zu Hause." Auf den ersten Metern erfahren wir, dass er Clay heißt, 30 Jahre alt ist und alleine auf der ca.10ha großen Kakaoplantage lebt. Dann stehen wir vor seinem kleinen Hostel, welches insgesamt 6 Personen beherbergen kann. Wir sind aber momentan die einzigen Gäste und so dürfen wir uns unser Zimmer aussuchen.

Es ist ein sehr einfaches Haus an dem Clay immer noch baut und bastelt. Seine kleine Werkstatt und eine Gemeinschaftsküche mit anliegender Gemeinschaftsdusche befindet sich im Erdgeschoss des zweistöckigen Gebäudes. Im Obergeschoss gibt es drei Schlafzimmer und das Zimmer von Clay.

"Fühlt euch wie zu Hause." Wir suchen uns ein Zimmer aus und stellen unser Gepäck ab. Heli fragt nach der Toilette und Clay zeigt in Richtung Urwald.

Die Toilette steht mitten im Wald auf einem Betonsockel. Sie hat keine Wände und auch keine Tür. Nur ein Blechdach schützt vor eventuellem in Costa Rica nicht seltenem Regen und ein freier Blick auf die grüne Wand des Dschungels macht den Toilettengang zu einem besonderen Erlebnis. Wohlgemerkt ohne störende Klospülung.

Unser Zimmer hat große, mit Moskitonetzen bespannte, Fenster und eine Terrasse. Ich finde alles sehr romantisch und fühle mich gleich wohl. Heli ist auf Grund des Naturklos noch etwas skeptisch.

Bei Clay haben wir Selbstverpflegung gebucht und nach einer schnellen Dusche, spazieren wir ins nahe gelegen Dorf. Hier gibt es einen kleinen Laden, der das nötigste des täglichen Bedarfs in den Regalen hat. Etwas Gemüse, Brot, Wurst, Spagetti und Ketchup wandert in die Einkaufstüte und auf unserem Rückweg halten wir noch kurz an der hiesigen Dorfschenke. Wir setzen uns auf einen der typischen Plastikstühle vor der Tür und bestellen uns ein eiskaltes Bier. Das Bierglas wird mit einem dicken Eisklumpen drin serviert. Wir bekommen vom Wirt erklärt, dass man das in Costa Rica so trinkt. Und was soll ich sagen, es schmeckt nicht schlecht.

Die Sonne verabschiedet sich langsam von uns und wir sind wieder in Clays Hütte. Es ist inzwischen 7.00 Uhr Abends und Heli bereitet das Abendbrot vor. Es gibt Spagetti und ich sitze am Küchentresen und schaue der Köchin über die Schulter. Clay hat sich zu uns gesellt und erzählt aus seinem Leben. Die Einladung zum essen, nimmt er gerne an und freut sich über die warme Mahlzeit. Ein anstrengender Tag neigt sich dem Ende und nach einem letzten Glas Wein fallen wir erschöpft in unser Dschungelbett.

Buenas Noches Costa Rica.

Tag 12 – Dschungel und mehr

Die Sonne geht gerade auf und wir werden durch lautes Geschrei der Brüllaffen, die sich im nahen Urwald durch die Wipfel der hohen Bäume hangeln, geweckt. Tausende von Vögeln zwitschern in der frischen Morgenluft und ich rappel mich aus dem Bett. Die Inspektion der Toilette steht als erstes auf der Tagesordnung und ich suche den Weg zum Urwaldklo.

Was soll ich sagen, es ist fantastisch. Man sitzt mitten im Grünen und um einen herum, nichts als duftende Blüten. Ich schaue hinein in den dichten Regenwald und lausche der Natur. Ein Toilettengang bei dem man schnell ins schwärmen kommen kann, wobei ich aufpassen muss, dass ich nicht meinen eigentlichen Grund für den Besuch dieses idyllischen Örtchen vergesse.

Meine Gedanken schweifen ab. Das ist also Costa Rica. Im Norden grenzt es an Nicaragua, im Osten an die Karibik, im Süden an Panama und im Westen plätschert der Pazifik. Costa Rica hat keine Armee. Diese wurde 1950 abgeschafft um das Geld in wichtigere Dinge, wie Bildung und Gesundheit zu investieren. Die Landessprache ist spanisch und die Hauptstadt San José liegt im Herzen Costa Ricas in der Hochebene Valle Central, 1170m über dem Meeresspiegel.

Meine Beine sind eingeschlafen und verlangen nach etwas Bewegung. Ich verlasse das nicht ganz so stille Örtchen und laufe wieder zum Haus.

Heli ist inzwischen auch aufgestanden und hat frischen Kaffee gekocht. Wir frühstücken gemütlich und planen den Tag. Ein Spaziergang am Strand steht auf dem Plan und wir wollen in das nächst größere Dorf Cahuita.

Bevor wir los marschieren führt uns Clay durch seinen Garten und zeigt uns die verschiedensten Früchte. Bananen, Mango, Noni und noch einige andere, deren Namen ich noch nie gehört und auch schnell wieder vergessen habe. An seinen Garten grenzt der tropische Regenwald und mitten im Wald, zwischen den vielen hohen edlen Laubbäumen stehen die Kakaobäume, welche die Haupteinnahmequelle für Clay darstellen und ihm seinen Lebensunterhalt garantieren.

Es ist 9.00 Uhr und wir verlassen unser Quartier in Richtung Meer, das 500m weit entfernt ist. Nach zehn Minuten sind wir auch schon da und der menschenleere Strand lädt zum spazieren ein. Die Sonne steht jetzt hoch am Himmel und das Thermometer zeigt angenehme 28°C. Wunderschönstes Wetter und unsere nackten Füße hinterlassen die einzigen Spuren in dem warmen feinen Sand an diesem Vormittag. Zur Abkühlung zwischendurch gibt es immer wieder ein kurzer Sprung in die erfrischenden Wellen der Karibik. Tausende von Kokospalmen säumen unseren Weg und überall liegen die gelbgrünen Früchte im Sand herum.

Nach einer Weile entfernt sich die Küstenstraße langsam vom Strand worauf auch wir den heißen Sand verlassen und dem Asphalt folgen.

Nach 12 Tagen wandern durch Mittelamerika macht uns ein 5km langer Fußmarsch nichts mehr aus und auch unser einziges Schuhwerk unsere Flip-Flops erweisen sich als zuverlässige Begleiter. Auf unserem Weg sehen wir immer wieder kleine Lagunen, die von einem ins Meer mündenden Fluss gespeist werden. Am Straßenrand Bananen soweit das Auge reicht und als Abwechslung Verkehrsschilder, die auf die Faultiere verweisen, welche hin und wieder die Straße überqueren. Uns läuft heute keines über den Weg. Wahrscheinlich liegen sie gerade irgendwo faul herum und gönnen sich ein Nickerchen.

Vorsicht Faultiere!

An einer kleinen Tankstelle machen wir eine kurze Rast. Es ist Mittagszeit und neben der Tankstelle lockt ein mit Stroh gedecktes Lokal zum Verweilen. Wir bestellen Reis mit Bohnen und Meeresfrüchten und dazu ein kühles Bier.

Auf der anderen Straßenseite entdecken wir einen Geldautomaten. Wir haben zwar keine Kreditkarte mehr, aber vielleicht funktioniert ja hier die EC-Karte, welche bis jetzt noch tief in der Geldbörse verborgen lag. Negativ, sagt der Geldautomat, was nicht ganz so schlimm ist. Noch haben wir ja ein paar Dollar einstecken und würden damit auch bis zum Urlaubsende über die Runden kommen. Mit Dollar kann man überall in Costa Rica bezahlen, wobei sich der Wechselkurs im Supermarkt kaum von dem in den Wechselstuben unterscheidet. Die offizielle Währung ist der Colon und ungefähr 750 Colon entsprechen einem Euro.

Das Mittagessen war spitze und da ein voller Bauch unbequem beim laufen ist, entscheiden wir uns das letzte Stück unseres Weges mit dem Bus zu fahren. Finger hoch in die Luft und schon öffnet sich die Bustür vor unseren vollen Bäuchen.

Bis nach Cahuita sind es jetzt noch 15 min Fahrt. Zu Fuß wären das auch noch mal 2 Stunden gewesen und ich bin froh, dass wir uns für den Bus entschieden haben.

Wir sind in Cahuita und schlendern durch das kleine Urlauberörtchen. Kneipen, Bars und Restaurants gibt es hier zu Genüge und auch hier wird der Urlauber mit Happy Hour und Spezialangeboten an Speisen gelockt. Wieder treffen wir einen Geldautomaten, doch auch dieser verwehrt uns seine Dienste.

Direkt am Strand stehen einige kleinere Hotels und wir erkundigen uns nach den Zimmerpreisen. Es ist Hochsaison und für 26$ gibt es das Doppelzimmer mit Frühstück. Ein guter Preis, doch was nützt uns das, wenn alles ausgebucht ist und alle Betten belegt sind. Außerdem haben wir einen Schlafplatz und mit unserer Toilette kann hier bestimmt keiner mithalten.

In Cahuita gibt es einen Nationalpark, der sich übergangslos an die Hotels anschließt. Es ist ein schöner Strand mit weißem Sand und seichter Brandung. In einem kleinen Holzhäuschen sitzen die Nationalparkwächter und bevor man über den Strand spazieren darf, bekommt man hier die Benimmregeln für den Nationalpark erzählt. Dabei sind die Hüter der Natur, einer kleinen Spende nicht abgeneigt, was aber kein Muss ist.

Der Strand ist sehr sauber und aufgeräumt. Es ist der 27.Dezember und viele Urlauber sind heute mit ihren Familien hier, liegen in der Sonne, baden in der Karibik und genießen den wolkenlosen Himmel. Wir haben unser Handtuch ausgebreitet und schauen dem bunten Treiben zu. Eine Kokospalme spendet uns Schatten und ein kleines Nickerchen kann uns keiner verwehren.

Am späten Nachmittag entschließen wir uns wieder zu unserem Lager zurück zu kehren. Doch bevor wir in den Bus steigen, halten wir noch kurz an der urischen Strandbar an, welche aus Bambus und Palmenwedel zusammengenagelt wurde. Ein eiskaltes Frisches ist genau das, was jetzt den Tag perfekt macht. Das Bier steht in einer Flasche vor uns auf dem Tresen und dazu gibt es wieder ein Glas, mit einem großen Eisklumpen drin. Das kennen wir schon und damit das Bier nicht zu sehr verwässert, trinken wir nicht zu langsam und können so den Eisklumpen noch für eine zweite Flasche nutzen.

Als wir wieder in unserer Urwaldhütte sind, gibt Clay uns sein Fahrrad, um noch schnell aus dem Dorf ein paar Lebensmittel zu holen.

Am Abend sitzen wir am Lagerfeuer. Heli hat leckeren Salat kredenzt. Dazu liegen ein paar Würstchen und eine Ananas auf dem Grill. Gegrillte Ananas kannte ich bis dahin auch noch nicht und nach dem Schlemmen kann ich sagen, sie ist super lecker.

Unser Feuer brennt noch eine ganze Weile und ein paar Gläser Wein lockern vorerst die Zungen bis diese dann irgendwann wieder schwer werden und wir k.o. ins Bett fallen.

Gute Nacht

Tag 13 – Mit dem Fahrrad durch den Bananawald

Der Wein von gestern Abend beschert uns ein paar kleinere Kopfschmerzen. Auf meiner morgendlichen Urwaldsitzung entdecke ich Brüllaffen in den Baumkronen. Irgendwie fühle ich mich nun nicht mehr ganz so unbeobachtet, wie noch vor ein paar Minuten und deswegen verabschiede mich vom Thron der Ruhe und Entspannung.

Das Frühstück lässt die Kopfschmerzen langsam verschwinden und wir machen uns auf zur Bushaltestelle. Der Himmel ist bewölkt und die Sonne ist nicht zu sehen. Wir wollen uns Limon, eine kleinen Hafenstadt ohne nennenswerte Sehenswürdigkeiten, anschauen. Jede halbe Stunde kommt ein Bus an der in fünf Gehminuten entfernten Hauptstraße vorbei und um 8.00 Uhr sitzen wir auch schon in einem solchen. Eine halbe Stunde später biegt unser Bus in den Busbahnhof von Limon ein.

Wir machen einen kleinen Einkaufsbummel und schlendern durch die belebten Straßen. Im "Bankenviertel" entdecken wir mehrere Geldautomaten und wir starten einen erneuten Versuch mit unserer Bankkarte, dem Automaten Geld zu entlocken. Und tatsächlich, einer der blinkenden Tresore akzeptiert unsere EC-Karte und spuckt Geld aus. Jippi, den Rest des Urlaubes gibt es nicht nur Wasser und Brot. Der nächste Supermarkt ist auch sofort unser nächstes Ziel und unsere Einkaufstüten sind voll mit leckeren Sachen für den heutigen Abend.

Im Busbahnhof gibt's noch ein Würstchen auf die Hand und ein kaltes Bierchen in die Finger. Wir glauben alles von Limon gesehen zu haben, wobei die Geldautomaten wohl die Hauptatraktion waren. Dann geht es auch schon wieder zurück zum Hostel von Clay.

Am frühen Nachmittag kommen wir wieder in unserem Quartier an. Die Sonne hat sich inzwischen gegen die Wolken durchgesetzt und die Luft ist drückend schwül. In der Werkstatt von Clay habe ich zwei alte Angeln entdeckt. Ein neuer Haken, die Schnur entwirren und schon sind diese wieder startklar. Von Clay borgen wir uns sein Mountainbike und das alte Damenfahrrad, welches verstaubt und mit platten Reifen in der Garage steht. Ein paar fachmännische Handgriffe und auch das rostige Fahrrad ist wieder fahrtüchtig.

Auf gehst zur costaricanischen Angeltour. Wohin? Wissen wir noch nicht, aber Clay gibt uns eine ungefähre Richtung vor. "Irgendwo da hinten müsstet ihr früher oder später an einen Fluss kommen." „Na denn mal los nach irgendwo da hinten."

Durch dichten Regenwald folgen wir der schmalen asphaltierten Straße in Richtung Hinterland. Dann hört der Asphalt auf und wir radeln auf einem Erdweg. Neben uns verlaufen Eisenbahnschienen und der Dschungel wird von einem Bananenwald abgelöst. Ungefähr 2km zieht sich unser Weg durch die Bananenplantage. Immer entlang den Bahngleisen, auf denen während der Erntezeit die Bananen transportiert werden. Dann kommt ein kleines, verträumtes Dörfchen, welches auch eine Filmkulisse für einen Hollywoodstreifen über Sklaverei sein könnte. Kleine bunte Holzhäuser, eine Kirche mit Friedhof und eine Schule. Es ist niemand zu sehen und das Dorf scheint wie ausgestorben, wenn da nicht das Krähen eines alten Gockels wäre.

Nach weiteren 2km kommen wir dann an einen Fluss. Ob es der Fluss ist den Clay meinte ist uns egal. Unsere Fahrräder liegen auf den Bahngleisen und wir kämpfen uns durch den dichten Schilfgürtel ans Ufer vor. Meine Gummischlappen saugen sich in den weichen Lehmboden. Sie verbinden sich so mit dem Lehm, dass meine Füße meinem Körper nicht mehr folgen können. Dieser kann nun ohne Füße leider nicht in der Luft bleiben und so kippe ich ganz langsam in angestrebter Laufrichtung nach vorne über. Meine Füße stecken fest und auch meine Hände, die mein Gesicht vor dem Eintauchen in den klebrigen Boden schützen wollten, sind jetzt bis zu den Ellenbogen versunken. Nun zeige mir mal einer wie man sich bewegt, wenn Hände und Füße fest stecken. Mir bleibt nichts anderes übrig, als mich mit einer eleganten Seitwärtsrolle aus der misslichen Lage zu befreien. Flach auf dem Lehmboden kann ich mich nun langsam fortbewegen und erreiche nach einiger Anstrengung die rettende Grasnarbe. Ein flüchtiger Blick zu Heli, die einen anderen Weg genommen hat, gibt mir Gewissheit, dass sie mein Missgeschick nicht gesehen hat. Oder jedenfalls tut sie so, als hätte sie nichts gesehen.

Am andern Ufer baden Kinder und als ich genauer hinschaue, stelle ich fest, dass diese auch angeln. Doch ihre Angelausrüstung besteht nur aus einer Schnur mit Haken und einem Stück Holz zum aufwickeln der Schnur. Dagegen ist unser Angelgeschirr das reinste Hightech-Equipment. Die Jungs haben auch schon Fische gefangen, die jetzt an einem Draht aufgereiht sind und an der Uferböschung liegen. Das macht uns

Hoffnung auf den großen Fang und schnell sind unsere Köder ausgeworfen.

Für mich ist das Angelabenteuer jedoch ein sehr kurzes Vergnügen, denn meine Schnur verfängt sich in einer alten Wurzel und ich muss mich von meinem Haken verabschieden.

Ich gehe gerne angeln, doch nicht unbedingt wegen den Fischen, sondern wegen der Ruhe und der Natur. So stört es mich auch nicht, dass ich jetzt nur so da sitze, mir den in der Zwischenzeit angetrockneten Lehm von T-Shirt, Hose und Haut puhlen kann und Heli beim Fischen zugucken darf. Drüben am anderen Ufer sind die Angelfreunde schon wieder erfolgreich und ich werde das Gefühl nicht los, dass die Jungs uns heimlich auslachen. Bei Heli tut sich überhaupt nichts am Haken und die Fische scheinen ihren Köder zu ignorieren. Unsere Konkurrenz vom anderen Ufer hingegen hat wohl genug gefangen. Die jungen Kerle packen die Sachen zusammen und verschwinden durch die Wiesen. Heli übt sich weiter in Geduld und badet unentwegt ihren Wurm. Es tut sich nichts und ich bin froh, dass unser Abendbrot schon im Kühlschrank liegt. Irgendwann hat dann auch sie genug aufs Wasser geschaut und packt enttäuscht ihre Rute zusammen. Dieses Mal folge ich meiner Frau, die ich voraus schicke, durch den Schilfgürtel und erreiche so ohne Lehm unter den Zehennägeln unsere Fahrräder. Auf dem Rückweg halten wir noch an der Dorfschänke auf ein frisches Bier an, bevor wir dann mit untergehender Sonne zum Quartier radeln.

Ein paar Würstchen vom Grill, dazu einen knackiger Salat und das Lied des Regenwaldes. Ein schöner Tag ist zu Ende und wieder ein gemütlicher

Abend am Lagerfeuer, bildet den krönenden Abschluss.

Buenas Noches.

Tag 14 – Ein costaricanischer Sonntag

Wir notieren den 29.Dezember. Es ist Sonntag und unser Hochzeitstag und trotzdem sind wir früh auf den Beinen und spazieren in der Morgensonne am Strand entlang. Bei einer Pause auf einer umgekippten Palme, werden wir von einem freundlichen Costa Ricaner auf ein erfrischendes Cocoswasser eingeladen. Einfach so. Vielleicht hat er mir aber auch angesehen, dass ich etwas Nachdurst vom Vorabend habe.

So weit wir blicken können, nichts als Wasser und Kokospalmen. Wo sind sie, die Costa Ricaner, die sich am Sonntag am Strand treffen? Ist es noch zu früh, oder sind wir falsch hier?

Wir laufen nun schon zwei Stunden durch den warmen Sand und bis auf den netten Cocoswassermann ist uns niemand begegnet. Durch die Dünen gelangen wir auf die Küstenstraße und halten nach einem Bus Ausschau. Irgendwo muss doch heute was los sein am Strand.

Wie schon erwähnt, wo man auch hin schaut, nur blaues Meer und Kokospalmen - und wir sagen dem Busfahrer, dass wir zum nächsten Strand wollen. Ich weiß, das hört sich doof an, aber er versteht uns irgendwie und nimmt uns mit. Nach knappen 5min macht das Getriebe des Busses komische Geräusche und der Fahrer stoppt sein Gefährt abrupt. Aus dem Motorraum dampft es und nach einem kurzen Blick unter die Haube kommt das Zeichen zum Aussteigen. „Die Fahrt ist hier zu Ende. Bitte warten Sie auf den nächsten Bus und steigen in diesen um."

Auf der gegenüberliegenden Straßenseite erblickt mein geschultes Auge ein gemütliches Lokal. "Wir sind doch schon da." Ich schnappe Heli an der Bluse und kurze Zeit später sitzen wir in dem, noch menschenleeren Restaurant.

So läßt es sich leben

Die Kellnerin ist schnell zur Stelle. Der Herd sei noch nicht heiß und der Koch sucht noch seine Mütze, doch Getränke könne sie uns schon bringen. Na das ist doch was und schwups stehen zwei lecker Bierchen auf unserem Tisch. Heute ist Sonntag und dazu noch unser Hochzeitstag. Da darf man das, auch wenn es gerade mal 10.00 Uhr ist. Frühschoppen in Costa Rica, eine neue Erfahrung für uns und plötzlich ist es auch schon Mittag. Wir lassen uns eine riesige Portion Scampis zubereiten. Das Essen ist köstlich und es folgen noch ein paar kleine Biere, bevor wir uns entschließen, nun endlich den Strand zu suchen. Unsere Kellnerin deutet mit dem Zeigefinger zum Meer und meint, dass der Strand hinter den Dünen ist. „Ahh, hinter den Dünen also." Ich weiß nicht ob sie richtig verstanden hat, dass wir den Strand suchen wo das Leben pulsiert, wo die Costa Ricaner sind und wo was los ist. Wir kämpfen uns trotzdem durch den dichten Palmenwald und tatsächlich - wir sind da. Am Strand, da wo auch die Costa Ricaner sind, wo was los ist und wo das Leben pulsiert.

Die Vatis stehen am Grill und drehen die Würstchen um. Die Kinder spielen Fußball oder bauen Sandburgen und die Muttis sitzen im Schatten und führen wichtige Gespräche und tauschen vermutlich Kochrezepte aus. Wir mischen uns unter das Volk und breiten unser Handtuch aus. Eine kleine Bretterbude muss als Strandbar herhalten und wir gönnen uns noch zwei Erfrischungen. Es ist ein Sonntag wie wir ihn mögen und wir genießen diesen in vollen Zügen.

Doch jeder Sonntag geht irgendwann zu Ende und in der Abenddämmerung packen wir unsere Sachen, steigen in den nächsten Bus und fahren wieder zu unserem Hostel. Das war er dann auch schon, unser Hochzeitstag in Costa Rica. Es war ein wundervoller Tag an der Karibikküste mit netten Menschen, tollem Wetter, kulinarischen Köstlichkeiten und eisgekühltem lecker Bierchen. Was will man mehr,

außer einer guten Nacht?

Tag 15 – Auf geht´s, nach San José

Dicke Regentropfen hämmern auf unser Dach und reißen uns aus unseren Träumen. Meine Augen sind ein wenig verschwollen und im Kopf klopft irgendwer an die Schädeldecke. Ich laufe durch den Regen zum Thron der Freiheit. Das Blechdach der Freilufttoilette bietet mir Schutz. Die frische, klare Luft wirkt besser als jedes Aspirin und das Abrissunternehmen in meinem Kopf stellt seine Arbeiten ein.

Wir frühstücken zum letzten Mal auf der Kakaoplantage. Unsere Sachen sind gepackt, denn wir ziehen weiter zur letzten Station unseres Urlaubs. Es geht nach San José, der Hauptstadt von Costa Rica. Wir verabschieden uns von Clay, unserem Gastgeber und packen noch ein paar Pflanzen in den Rucksack. Wir wollen versuchen, diese bei uns anzusiedeln, unter anderem auch eine Kokospalme.

Mit dem Bus fahren wir erneut bis nach Limon. Hier müssen wir umsteigen, doch der nächste Bus nach San José fährt erst in zwei Stunden. Die Wartezeit nutzt Heli und loggt sich in das offene WLAN-Netz des Busbahnhofs ein. Wir brauchen für unsere erste Nacht in der Hauptstadt noch ein Bett und Heli stöbert in den Hotelangeboten. Es ist einen Tag vor Silvester und vernünftige Unterkünfte, zu angemessenen Preisen sind knapp. Letztendlich finden wir, nach den Bildern zu urteilen, ein schnuckeliges Hotel etwas außerhalb von San José gelegen und reservieren uns spontan ein Zimmer.

Es ist 13.00 Uhr und der Direktbus nach San José rollt aus dem Busbahnhof. Umgerechnet 4,00 Euro kostet ein Busticket und knapp 3,5 Stunden Fahrtzeit sind für die 160km lange Strecke eingeplant. Die

Hafenstadt Limon liegt hinter uns und unsere Fahrt geht quer durch den tropischen Regenwald Costa Ricas. Es ist bergig und beim Blick aus dem mit Regentropfen beschlagenen Fenster schaue ich auf steile, grüne Abhänge oder auf schroffe Felswände die mit Farnen verschiedenster Arten bewachsen sind. Nach 2 Stunden Fahrt stoppt der Busfahrer an einer Raststätte. Die Fahrgäste stürmen den Verkaufstresen und decken sich mit neuem Proviant ein. Auch wir kaufen uns eine Brause, bevor der Busfahrer wieder zur Weiterfahrt hupt.

Pünktlich nach 3,5 Stunden sind wir an der Endstation in San José und als wir aus den Bus steigen, bläst uns ein kühler Wind entgegen. Feiner Sprühregen macht San José ungemütlich. Der Terminal wirkt hektisch und alle hier scheinen in Eile zu sein. "Wo müssen wir jetzt hin?" Heli zuckt die Schulter. "Du, ich war auch noch nicht hier." Also erst mal Lage checken und Ruhe ausstrahlen.

Vor dem Busbahnhof stehen Taxis Stoßstange an Stoßstange. Wir suchen uns eins aus und fragen den Fahrer, ob er unser Hotel kennt. Der nimmt Heli gleich ihren Rucksack ab, der dann sofort im Kofferraum landet. "Na klar kenne ich das. Kommt steigt ein." Während wir noch die Autotüren schließen, telefoniert unser Taxifahrer und ich höre raus, wie er sich nach dem Weg in der Zentrale erkundigt.

San José liegt in einem Tal, umzingelt von einer hohen Bergkette, die bis 1800m über dem Meeresspiegel ansteigt. "Dort in die Berge müssen wir." Unser Chauffeur streckt den Finger in den Himmel.

Ein digitales Thermometer am Straßenrand zeigt 22°C an. "Es ist frisch hier bei euch." „Wartet ab, bis wir da oben sind, dann wisst ihr was frisch ist."

Es riecht nach Bremsen und unser Taxi schlängelt sich Meter für Meter durch die kurvenreichen Straßen, steil bergauf. Die Vegetation verändert sich schnell und die Palmen werden durch eine Art Zypressen, die bis zu den Wolken reichen abgelöst. Auf einem Wegweiser lesen wir den Namen unseres Hotels. Es hat aufgehört zu regnen und die Sonne zwinkert durch die dichten Nadelbäume. Wir kommen uns vor, wie im bayrischen Wald und irgendwie werde ich das Gefühl nicht los, dass Flip-Flops und Bermudashorts hier oben nicht so oft zu sehen sind. Das Taxi hält an der Rezeption unseres Hotels und der Fahrer lädt unser Gepäck aus dem Kofferraum. "Wie lange bleibt ihr? Hier ist meine Nummer. Ruft mich an, wenn ich euch wieder abholen soll." Wir zahlen unsere Rechnung von 15$ und verabschieden uns von unserem Taxifahrer.

Wir hatten Karibik gebucht und nun stehen wir hier in T-Shirt, kurzen Hosen und Badelatschen, bei 13°C kaltem Wind vor der Hotelrezeption, die eigentlich dem Aussehen nach, nach Österreich gehört. Spätestens beim Lesen des Namens unseres Hotels hätte uns klar sein müssen, hier ist Wintergarderobe angesagt. Dann mal rein marschiert. Wir öffnen die Tür zur Rezeption, über der in großen Buchstaben "Hotel Tirol" angenagelt steht.

Tirol in Costa Rica

Unser Zimmer ist urgemütlich eingerichtet. Es gibt einen Fernseher, eine Kaffeemaschine und zu meiner Verwunderung, einen elektrischen Kamin, den ich auch gleich in Betrieb nehme.

Die kurzen Hosen sind gegen am Fuß endende Jeans getauscht und der langärmlige Pullover kommt zum ersten Mal in diesem Urlaub zum Einsatz. Nur bei der Beschuhung ändert sich für uns nichts, denn außer Flip-Flops gibt mein Seesack nichts her. Wir gehen zum Abendessen ins Hotelrestaurant. Auch hier empfängt uns ein Ambiente, welches eher an eine deutsche Bauernstube erinnert, als an ein karibisches Feinschmeckerrestaurant. Das Essen ist hervorragend und ein toller Wein bei Kerzenschein macht den Abend zu einem besonderen Erlebnis.

An Weihnachten lagen wir unter Palmen am Strand und Weihnachtsstimmung kam dabei überhaupt nicht auf. Jetzt und hier fehlt eigentlich nur noch ein bisschen Schnee und es wäre wie Weihnachten im Bilderbuch. Doch auch ohne Schnee ist uns heute weihnachtlich zu Mute und ich muss zugeben, ich genieße es.

Dann liegen wir im Bett und der Fernseher läuft. Der Kamin strahlt wohlige Wärme ins Zimmer und draußen bläst der kalte Wind. Ich kann kaum glauben, dass ich in Costa Rica bin.

Gute Nacht

Tag 16 – Das Jahr neigt sich dem Ende

Heute Mittag, um 12.00Uhr müssen wir aus unserem Hotel aus checken. Doch soweit ist es noch nicht und wir laufen ins Restaurant, da das Frühstück schon auf uns wartet. Zur ersten Mahlzeit an Silvester gibt es Obst, Reis mit Bohnen, Rühreier mit Toast und dazu frischen, herrlich duftenden Kaffee. Die Sonne scheint uns direkt auf den Frühstückstisch und feiner Sprühregen malt bunte Regenbogen in die Luft. „Sonne mit Regen, komisches Wetter hier."

Das Frühstück muss verdaut werden und wir machen einen kleinen Spaziergang durch unsere Hotelanlage. In einer kleinen Kapelle laufen die Vorbereitungen für die Silvesterparty heute Abend.

Wie unsere Silvesterparty heute Abend aussieht, wissen wir noch nicht. Doch ein Hotel für unsere letzte zwei Urlaubsnächte haben wir schon sicher.

Wieder einmal packen wir unsere Sachen zusammen. Im Hintergrund dudelt der Fernseher. Ich weiß gar nicht warum, aber plötzlich liegen wir wieder im Bett und schauen uns einen Trickfilm an. Die Abenteuer der Schildkröte Sammy zieht uns voll in ihren Bann und wir können uns nicht von diesem spannenden Walt Disney-Steifen losreißen. Doch wir müssen. Es ist fast 12.00 Uhr und im Gehen bekommen wir dann doch noch das Happy End mit. An der Rezeption wünscht man uns einen schönen Urlaub und wir wandern hinaus in den Schwarzwald Costa Ricas.

Die Sonne hat den Kampf gegen den Sprühregen gewonnen und unser Wanderstab soll uns zur nächsten Bushaltestelle führen. Tolle Gegend, tolles Wetter und wir merken gar nicht, dass wir schon wieder über eine Stunde gelaufen sind, als wir an einer Bushaltestelle ankommen. Noch ist alles ganz normal in San José und es ist nichts vom Jahreswechsel zu spüren oder zu sehen. Feiern die Costaricaner vielleicht gar nicht Silvester?

Der Bus kommt um die Ecke gebogen und unseren Fahrschein lösen wir beim Fahrer der von uns 330Colon pro Person verlangt. Auf dem Fahrtrichtungsanzeiger des Busses steht Heredia. Dort befindet sich auch der Bahnhof der, ich nenne es mal, San Joseischen S-Bahn. Unser GPS ist eingeschaltet und wir können genau verfolgen welche Rute unser Buschauffeur einschlägt.

Am Ende bringt uns der Bus direkt bis an den Bahnhof der Vorstadtbahn. Wir schauen uns den Streckenverlauf auf unserem GPS an und demnach hält diese nicht weit von unserem gebuchten Hotel. Wir könnten also mit der Bahn mitfahren.

Als wir aus dem Bus steigen, schwappt es uns dann entgegen, das Mittelamerika wie ich es mir vorgestellt habe. Bunt, chaotisch und laut. An den Bussen stehen lange Schlangen und dazwischen stolpern fliegende Händler, die ihre Waren lauthals anpreisen. Ein Verkehrspolizist versucht den Verkehr in geordnete Bahnen zu dirigieren, wobei er geschickt den ein- und ausfahrenden Bussen ausweicht.

Wir wühlen uns zum Fahrkartenschalter der S-Bahn durch. Die Bahn wurde extra für die täglichen Berufspendler gebaut und soll den dichten Berufsverkehr von San Jose entlasten. Ich entdecke einen Fahrplan, oder besser ein in Folie eingeschweißtes Papier mit den Abfahrtszeiten.

Montag bis Freitag von 6.00-8.30 Uhr und 16.00-20.00 Uhr, jede halbe Stunde.

Wir haben Glück. Heute ist Dienstag und es ist noch eine Stunde Zeit, bis die Uhr 16 schlägt.

Um uns die nächste halbe Stunde etwas die Zeit zu vertreiben, schlendern wir durch die umliegenden Straßen und fühlen das mittelamerikanische Leben. An einer Hähnchenbude zwingt uns der Duft nach knusprigem Huhn zu einer kleinen Pause. 5000 Colones kostet ein ganzes Hähnchen und dazu gibt's Salat, Bratkartoffeln und eine Limo.

Der Verkehrspolizist steht jetzt wild gestikulierend vor der Hähnchenbude. Er ist aufgebracht und bläst fast die Kugel aus der Trillerpfeife. Ein Falschparker ist der Grund für die Erregung des Beamten, denn dadurch gerät ihm der Verkehr nun völlig außer Kontrolle. Die Busse kommen nicht mehr durch und die Straße stopft sich langsam zu. Eine Minute vergeht und da kommt auch schon die Rettung in Form eines gelben Abschleppwagens. Kralle ran und hochgehieft. Das Problem ist beseitigt und der Polizist gönnt sich ein Päuschen. Er setzt sich an den Tresen des Hähnchengrills und bestellt sich ein kaltes Bierchen. Der Mann ist mir sympathisch.

Wir müssen los, denn in 10min fährt unsere Bahn. Wir haben noch kein Ticket und wer weiß wie voll der Zug wird. Wir stehen am Ticketschalter, der immer noch geschlossen ist. Die Tatsache, dass wir die einzigen Kunden sind macht mich nun etwas stutzig. Wir fragen einen Passanten, der so aussieht, als ob er sich hier auskennt. "Heute ist doch Silvester, da fährt die Bahn nicht." So, so, da haben wir wohl umsonst gewartet. Jetzt heißt es einen passenden Bus zu finden. Ich weiß nicht genau warum, aber wahrscheinlich gucken wir dermaßen hilflos aus unserem Gepäck, denn ein junger Mann fragt uns in akzentfreiem englisch, ob er uns helfen kann. Wir erklären ihm, wo wir hin wollen und er schnappt uns am Gürtel und läuft mit Heli und mir zwei Häuserblocks weiter. "Mit diesem Bus fahrt ihr bis zur Endstation und von dort aus mit dem Taxi weiter." Mit einem Zahnpastawerbelächeln drückt er uns in den Bus und winkt uns noch einmal freundlich zu.

Wie man uns gesagt hat, steigen wir dann an der Endstation aus und winken uns ein Taxi von der dreispurigen Stadtstraße. Wir sind mitten im Zentrum und unser Hotel kann nun nicht mehr weit sein. Der Taxifahrer setzt uns zehn Häuserblocks weiter ab. Ein kleines Hotel unter Familienregie, in einer schmalen Seitenstraße nicht weit vom Stadtzentrum San Josés entfernt. Es ist gemütlich hier und man trägt uns unsere Koffer aufs Zimmer im dritten Stock. "Frühstück gibt es ab 7.00 Uhr und wenn ihr heute noch etwas braucht, geht zum Supermarkt um die Ecke."

Auspacken, duschen und dann stehen wir auch schon im Supermarkt, der jeden Tag 24 Stunden geöffnet ist. Ein paar Büchsen Bier, eine Flasche Wein und etwas Knabberzeug sollte für die Silvesternacht reichen. Alle anderen Geschäfte und Restaurants sind geschlossen. „Wo sind die Silvesterpartys, wo die Musik und wo sind die Costa Ricaner?" Die Straßen sind wie leer gefegt. Es ist jetzt 20.00 Uhr und da auch in unserem Hotel nichts los ist, machen wir es uns im Bett vorm Fernseher gemütlich.

Es ist nicht das erste Mal, dass die Müdigkeit stärker ist, als das Geräusch der Silvestertröte und das spannende Fernsehprogramm drückt uns irgendwann die Augen zu.

Die Silvesternacht verschlafen ist bei uns nicht unbedingt selten, aber dieses mal, ein paar Minuten vor 24.00Uhr, werden wir durch Knaller und Raketen aus dem Schlaf gerissen. Kurze Zeit später sitzen wir auf der Dachterrasse unseres Hotels und schauen auf das Silvesterspektakel in der großen Stadt. Dabei sind wir nicht alleine, denn noch zwei andere Pärchen haben sich eine Decke umgewickelt und gucken in den bunten Silvesterhimmel. Wir knacken eine Büchse Bier und stoßen an.

"Prost Neujahr."

Tag 17 – Das neue Jahr

Neues Jahr, neues Glück und damit wir auch gar nichts verpassen, sitzen wir um 6.00Uhr wieder auf der Dachterrasse unseres Hotels und blicken über die Dächer von San José in den Sonnenaufgang. Es weht ein frischer Wind und die Sonne bohrt ein paar Löcher in den wolkigen Himmel. Es ist wieder ruhig in den Straßen und im Gegensatz zu uns, liegen die Hauptstädter noch in ihren Betten.

Unser Frühstück bekommen wir um 7.00 Uhr in der gemütlichen Frühstücksstube serviert. Es herrscht familiäre Stimmung und von unserem Nachbartisch dringen mir ein paar deutsche Worte ans Ohr. Die reiselustigen Deutschen trifft man eben überall, doch ins Gespräch kommen wir nicht.

Frühstücksraum in der Casa 69

Unsere Kaffeetassen sind leer und wir machen uns auf, San José zu entdecken. Natürlich zu Fuß und in Gummischlappen.

Als wir die Kakaoplantage verließen, erkundigten wir uns noch bei Clay nach Dingen, die wir uns in San José unbedingt anschauen sollten, doch ein Schulterzucken war die ganze Antwort von ihm und nicht gerade hilfreich. Na gut, dann müssen wir eben selbst mal gucken.

Die Straßen sind menschenleer und die Fußgängerzone im Zentrum von San José ist wie ausgestorben. In einer Seitenstraße hat es sich ein Obdachloser auf einer Mülltüte bequem gemacht und verschläft den Neujahrsmorgen. Eine große Fastfoodkette hat schon geöffnet und und wir schlürfen eine heiße Schokolade.

Wir ziehen um die Blöcke, vorbei an mehreren Kirchen. An einer werden wir vom Pfarrer zur Neujahrsmesse eingeladen. Neujahrsfrühschoppen wäre mir lieber und so lehnen wir dankend ab. Der Fotoapparat bekommt ein paar Denkmäler und immer wieder Kirchen zu sehen, die später gewiss in den Untiefen der Fotoalben vergraben liegen.

Es kommt langsam Leben in die Stadt und die Geschäfte rollen ihre Rollos nach oben. Der erste Laden, der seine Pforten öffnet ist eine Libreria. Für alle, die nicht wissen was das ist, steht tatsächlich in deutsch "Buchhandlung" darunter. Wir sind neugierig geworden und schauen uns den Laden von innen an. Nach einer halben Stunde kommen wir mit einem Buch, das in 4 Sprachen geschrieben ist, wieder heraus. Es öffnen nicht alle Geschäfte, denn auch in

Costa Rica ist Neujahr ein Feiertag und so bleibt mir ein größerer Einkaufsbummel erspart.

Unser Mittagessen nehmen wir beim Chinesen zu uns. Wir sind die einzigen Gäste die nicht nach Asien aussehen und auch unser Essen unterscheidet sich von dem auf den anderen Tischen. Da sehen wir Hühnerfüße, Schweinemagen oder Darm. Ich bin froh, dass meine Scampis auch wie Scampis aussehen und dann auch noch so schmecken. Die Portion ist ausgesprochen groß und für umgerechnet 8,-Euro auch sehr preiswert.

Unsere Füße sind müde, als wir wieder im Hotel ankommen und da San José wirklich nichts Außergewöhnliches zu bieten hat, machen wir uns einen gemütlichen Nachmittag vor dem Fernseher. Zwischendurch schaut Heli mal ins Internet und guckt, ob sich was in Sachen Autovermietung getan hat und es irgendwelche Kontobewegungen auf unserer Bank gab. Immer noch hat die Autovermietung kein Geld abgebucht und immer noch wissen wir nicht, wie die ganze Sache ausgehen wird.

Am Abend machen wir uns noch mal auf den Weg. Vielleicht ist ja doch irgendetwas los in der großen Stadt und wenn nicht, gönnen wir uns noch ein letztes karibisches Abendessen. Ein paar Blocks von unserem Hotel entfernt entdecken wir ein tolles Restaurant. "Sabor del Mundo" steht über der Tür und wir kehren ein. Der Laden hat 24h geöffnet und ist gut besucht. Es läuft karibische Mucke und es herrscht gute Stimmung. Auf unseren Tellern liegen 2 große Steaks und ein gut gekühlter Sangria funkelt im gedämpften Licht.

Es ist unser letzte Abend in Costa Rica und dieser geht erst kurz vor Mitternacht zu Ende.

Gute Nacht

Tag 18 – Und Tschüß

Ein lautes Donnern weckt uns kurz nach 6.00Uhr. Heute ist wieder ganz normaler Werktag für die Costa Ricaner und die S-Bahn schaukelt die Leute zur Arbeit. Sie fährt direkt vor unserem Hotel vorbei und rumpelt laut die alten Gleise entlang.

Rucksack und Seesack sind abreisebereit. Schnell noch frühstücken und los geht´s zum Flughafen.

Auf der Suche nach dem Bus zum Flughafen werden wir von Polizisten im Zickzack durch die Innenstadt gejagt. Die leeren Straßen von gestern sind Vergangenheit und das lateinamerikanische Leben hat die Stadt voll im Griff.

Dann sitzen wir endlich im richtigen Bus, der uns direkt zum internationalen Flughafen von San José bringt.

Dort werden noch 29$ Flughafengebühr pro Person fällig, bevor wir unsere Bordkarten bekommen.

Das Gepäck ist eingecheckt und wir warten im Transitbereich des Flughafens. In zwei Stunden hebt unsere Maschine ab und wir müssen uns von Costa Rica verabschieden. Ein wunderschönes Land mit freundlichen Bewohnern, tollem Klima und üppiger Vegetation.

Mein Blick fällt auf unsere Flip-Flops, die einzigen Paar Schuhe, die uns in diesem Urlaub begleiteten. Da sind wohl ein paar neue fällig. Der große Zeh wird nur noch durch wenige Millimeter Gummi vom Boden getrennt und die Hacken spüren schon jedes kleine Sandkorn. Doch sie haben gute Dienste geleistet und ich nehme mir vor, sie nicht so einfach in den Müll zu werfen. Nein, sie sollen eine ehrenvolle Gummischlappenbestattung bekommen oder vielleicht kommen sie auch mit ins Fotoalbum.

Wir loggen uns ins Internet ein und schauen noch einmal auf unser Bankkonto. Immer noch, hat die Autovermietung nichts abgebucht. In meiner Hosentasche finde ich 2000Colones Kleingeld. Mal schauen ob ich dafür eine Büchse Bier bekomme. Glück gehabt, 1990 Colones verlangt das Mädchen an der Kasse.

Zwei Stunden später hebt unsere Maschine ab und es geht wieder nach Hause.

Heli schaut aus dem Fenster und nach einer Weile fragt sie wieder eine dieser total harmlos wirkenden Fragen:„Schatzi, ob wir uns mal Bolivien anschauen sollten?"

Gute Nacht!

Nachwort

Längst hat uns der Alltag wieder eingeholt und neue Reisepläne werden geschmiedet. Der Urlaub in Panama und Costa Rica wird uns, nicht zuletzt durch dieses Buch, lange in Erinnerung bleiben. Die beiden Länder sind ideale Reiseziele für Naturliebhaber, Sonnenanbeter und Fans von endlosen Palmenstränden. In Panama wie auch in Costa Rica trifft man freundliche Menschen, wobei die Panamaer vom langjährigen Einfluss der Amerikaner stark geprägt sind.

Die große Frage ist natürlich, wie ist die Sache mit der Autovermietung ausgegangen? Einen Monat nach Urlaubsende buchte uns die Autovermietung 680$ von unserem Konto ab. Ein Widerspruch blieb ohne Erfolg und so haben wir uns inzwischen damit abgefunden der Dollar-Autovermietung ein schönes Weihnachtfest beschert zu haben.

Ich danke Ihnen, dass Sie die Zeit für dieses Buch fanden und für mich ist es jetzt höchste Eisenbahn ein eiskaltes lecker Bierchen zu besorgen.

Don Parakay

Weitere Bücher aus meiner Feder

Seitdem ich mit meiner Familie 2008 nach nach Paraguay ausgewandert bin, berichte ich über unsere Erlebnisse in meinem Blog www.parakay.blogspot.com

Daraus entstand dann mein erstes Buch

Abenteuer Auswandern: Neuanfang in Paraguay Wie eine deutsche Familie in Südamerika eine neue Heimat fand

ISBN: 9783734742118

Der zweite Teil der Badelatschero-Reihe

In-Kuba-tion: Zwei Badelatscheros auf der der
Suche nach dem Kuba-Virus

„Ich bin dann mal weg"- kann ja jeder, dachten sich der Autor Kay und seine Frau, als Sie sich entschlossen kurzfristig eine Reise durch Panama und Costa Rica zu unternehmen.
Die Anreise, aus ihrer jetzigen Wahlheimat Paraguay, verläuft noch reibungslos.
Glaubten die beiden, auf Grund von intensiven Internetrecherchen und einem ausreichenden Spanischwortschatz, gut vorbereitet zu sein. Doch wie so oft kommt vieles anders - Nichts für den deutschen Durchschnittsurlauber.
Überraschende Ereignisse, Pannen und außergewöhnliche Einsichten in das Leben der Panamaer und Costaricaner säumen den Weg von Panama City nach San José.
Mit viel Humor, der oft mit Hilfe eines lecker Bierchens aufrecht erhalten wird, und einem lockeren Schreibstil, beschreibt der Autor die speziellen Umstände auf dieser Reise.
Der unterhaltsame Reisebericht räumt mit vielen Falschinformationen aus dem Internet auf und gibt dem zukünftigen Panama und Costa Rica Reisenden nützliche Hinweise und Tipps